JN430360

여성용 무늬뜨기 카디건

무늬뜨기

몇 가지 테크닉

원 포인트

이 책을 사용하는 방법

이 책은 두 종류의 손뜨개 작품을 예로 들어 다양한 기법을 설명해놓았습니다. 손뜨개 책을 보고 작품을 뜨다가 궁금한 점이 생기면 이 책을 펼쳐보세요. 여러분의 손뜨개 생활에 조금이라도 도움이 되기를 바랍니다.

★ 이 책에 실린 작품을 복제하여 판매하는 것은 금지되어 있습니다. 손뜨개를 즐기기 위해서만 이용해주세요.

스웨터를 뜨고 싶은데 설명을 봐도 알쏭달쏭해요.

뜨고 싶은 스웨터가 있어도 설명 부분을 볼 줄 모르면 이내 단념하게 됩니다. 그래서 이 책에서는 기본적인 남성 스웨터를 예로 들어 꼭 알아두어야 할 '뜨개 도안 보는 방법'을 살펴보려고 합니다. 일반적으로 뜨개 도안에는 각 부분의 크기, 모양, 뜨는 방법, 곡선과 사선에서의 평균 계산(코를 주워서 뜰 때 분산하여 코를 늘리거나 줄이기 위해 사용하는 계산 등)이 나와 있습니다. 꿰매기와 잇기, 마무리 방법 등은 주로 문장으로 설명합니다. 8~9쪽의 뜨개 기호도를 보면서 실제로 작품을 뜰 때는 어떻게 해야 하는지 확인해보세요.

남성용 아란무늬 스웨터

◆ 준비물 극태사 무염색사 910g=19타래
◆ 도구 대바늘 9호, 대바늘 6호
◆ 완성 치수 가슴둘레 108㎝, 뒤쪽 어깨너비 42㎝, 옷길이 63.5㎝, 소매길이 58.5㎝
◆ 게이지 가로세로 10㎝ 메리야스뜨기 18.5코×24단, 무늬뜨기 17㎝가 44코×24단
◆ 뜨는 방법 앞뒤 몸판과 소매는 별도사슬로 기초코를 만들어 도안을 따라 메리야스뜨기와 무늬뜨기를 합니다. 진동둘레, 목둘레, 소매산에서 2코 이상 코를 줄일

때는 덮어씌우기를, 1코를 줄일 때는 가장자리 1코 세워서 코 줄이기를 합니다. 소매 아래선에서 코를 늘릴 때는 가장자리 1코 안쪽의 싱커 루프(sinker loop: 가로로 지나는 실)에 돌려뜨기를 합니다. 밑단과 소맷단은 별도사슬을 풀어서 1코 고무뜨기로 뜨는데, 무늬뜨기 부분에서 분산하여 코를 줄입니다. 다 뜨고 나면 1코 고무뜨기의 코마무리를 합니다. 옆선과 소매 아래선은 떠서 꿰매고, 소매는 빼뜨기로 꿰맵니다.

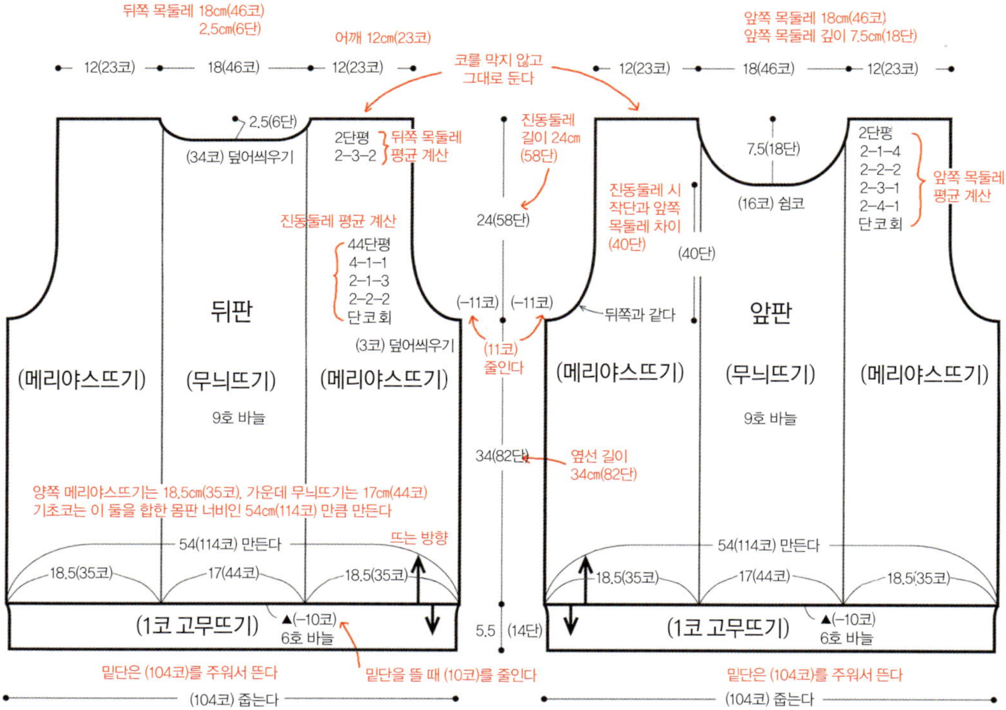

뒤쪽 목둘레 18cm(46코)
2.5cm(6단)

어깨 12cm(23코)

코를 막지 않고 그대로 둔다

앞쪽 목둘레 18cm(46코)
앞쪽 목둘레 깊이 7.5cm(18단)

12(23코) — 18(46코) — 12(23코) ·········· 12(23코) → 18(46코) → 12(23코)

2.5(6단)
(34코) 덮어씌우기

2단평
2-3-2
뒤쪽 목둘레
평균 계산

진동둘레
길이 24cm
(58단)

7.5(18단)

2단평
2-1-4
2-2-2
2-3-1
2-4-1
단코회

앞쪽 목둘레
평균 계산

진동둘레 평균 계산
44단평
4-1-1
2-1-3
2-2-2
단코회

24(58단)

진동둘레 시
작단과 앞쪽
목둘레 차이
(40단)

(16코) 쉼코

(3코) 덮어씌우기

(40단)

뒤판

(−11코) (−11코)

뒤쪽과 같다

앞판

(메리야스뜨기) (무늬뜨기) (메리야스뜨기)
9호 바늘

(11코)
줄인다

(메리야스뜨기) (무늬뜨기) (메리야스뜨기)
9호 바늘

34(82단)

양쪽 메리야스뜨기는 18.5㎝(35코), 가운데 무늬뜨기는 17㎝(44코)
기초코는 이 둘을 합한 몸판 너비인 54㎝(114코) 만큼 만든다

옆선 길이
34cm(82단)

뜨는 방향

54(114코) 만든다

54(114코) 만든다

18.5(35코) — 17(44코) — 18.5(35코)

18.5(35코) — 17(44코) — 18.5(35코)

(1코 고무뜨기)

(−10코)
6호 바늘

5.5 (14단)

(1코 고무뜨기)

(−10코)
6호 바늘

밑단은 (104코)를 주워서 뜬다

밑단을 뜰 때 (10코)를 줄인다

밑단은 (104코)를 주워서 뜬다

(104코) 줍는다

(104코) 줍는다

▲=코 줄이기(−10코)는 무늬뜨기 부분에서 한다

이럴 땐 이렇게

대바늘
손뜨개
무엇이든
Q&A

일본보그사 편 | 김현영 옮김

한스미디어

Contents

남성용 아란무늬 스웨터

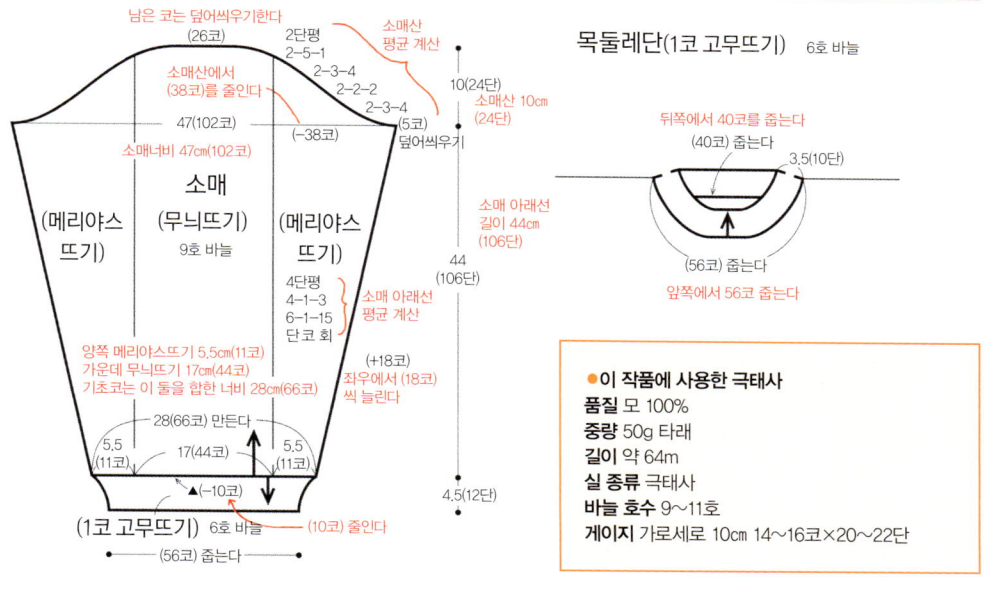

남은 코는 덮어씌우기한다
(26코)

2단평
2-5-1

소매산에서
(38코)를 줄인다

2-3-4
2-2-2
2-3-4
(5코)
덮어씌우기

소매산
평균 계산

10(24단)

소매산 10cm
(24단)

47(102코)   (-38코)

소매너비 47cm(102코)

소매
(무늬뜨기)
9호 바늘

소매
(메리야스
뜨기)

(메리야스
뜨기)

소매 아래선
길이 44cm
(106단)

44
(106단)

4단평
4-1-3
6-1-15
단코 회

소매 아래선
평균 계산

양쪽 메리야스뜨기 5.5cm(11코)
가운데 무늬뜨기 17cm(44코)
기초코는 이 둘을 합한 너비 28cm(66코)

(+18코)
좌우에서 (18코)
씩 늘린다

28(66코) 만든다

5.5
(11코)

17(44코)

5.5
(11코)

(-10코)

(1코 고무뜨기)   6호 바늘

(10코) 줄인다

4.5(12단)

(56코) 줍는다

목둘레단(1코 고무뜨기)   6호 바늘

뒤쪽에서 40코를 줍는다
(40코) 줍는다

3.5(10단)

(56코) 줍는다

앞쪽에서 56코 줍는다

● 이 작품에 사용한 극태사
품질 모 100%
중량 50g 타래
길이 약 64m
실 종류 극태사
바늘 호수 9~11호
게이지 가로세로로 10cm 14~16코×20~22단

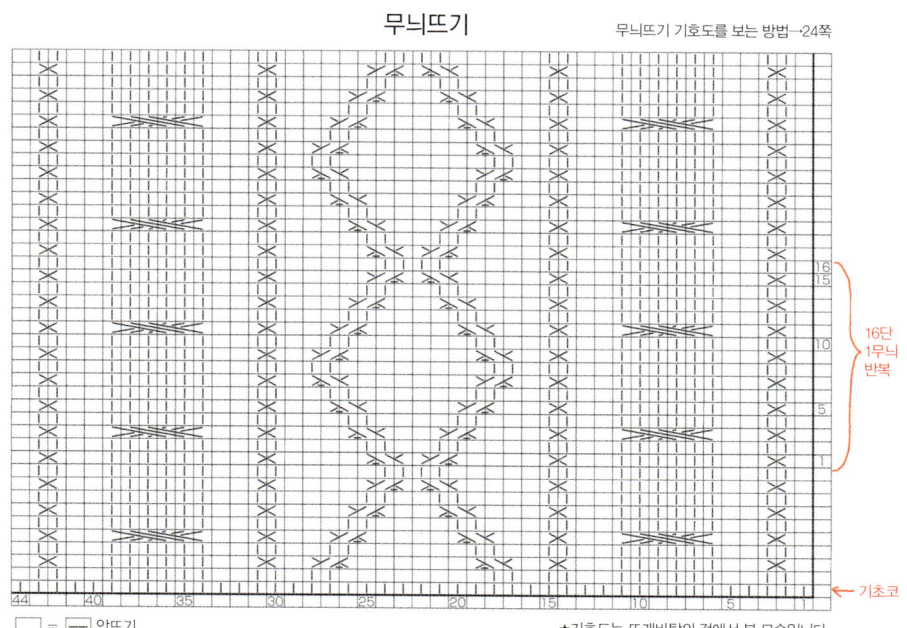

◆**몸판·소매의 무늬뜨기 기호도**

무늬뜨기

무늬뜨기 기호도를 보는 방법→24쪽

16
15

10

5

1

16단
1무늬
반복

44   40   35   30   25   20   15   10   5   기초코

▭ = ▭ 안뜨기

★기호도는 뜨개바탕의 겉에서 본 모습입니다.

카디건은 스웨터보다 뜨기 어렵나요?

A 카디건은 앞판을 둘로 나눠서 뜬 후에 앞여밈단까지 떠야 해서 과정이 조금 복잡합니다. 앞판은 좌우대칭으로 뜨는 것이 원칙이라서 무늬의 배치, 밑단의 고무뜨기, 앞쪽 목둘레 등을 뜰 때 대칭이 되었는지 확인하며 떠야 합니다. 특히 무늬뜨기는 앞쪽 중심에서 옆선을 향해 대칭으로 배치되는데, 오른쪽 앞판은 앞여밈단부터, 왼쪽 앞판은 옆선부터 뜨기 시작하므로 무늬뜨기 기호도에서 뜨기 시작 위치를 정확하게 숙지한 후에 뜹니다. 일반적으로 여성용 옷의 앞여밈단은 오른쪽에 단춧구멍을 만들고 왼쪽에 단추를 답니다. 남성용은 이와 반대입니다.

여성용 무늬뜨기 카디건

◆**준비물** Puppy Queen Anny Pink 450g=9타래, 지름 1.5cm 단추 6개

◆**도구** 대바늘 6호, 대바늘 4호

◆**완성 치수** 가슴둘레 94.5cm, 뒤쪽 어깨너비 36cm, 옷길이 53cm, 소매길이 53cm

◆**게이지** 가로세로 10cm 무늬뜨기 19.5코×26.5단

◆**뜨는 방법** 앞뒤 몸판과 소매는 밑단과 소맷단에서 2코 고무뜨기의 기초코로 뜨기 시작하고, 단의 경계에서 코를 분산하여 늘리며 무늬뜨기를 뜹니다. 진동둘레, 목둘레, 소매산에서 2코 이상 코를 줄일 때는 덮어씌우기를 하고, 1코를 줄일 때는 가장자리의 1코를 세워서 줄입니다. 어깨는 남겨 되돌아뜨기로 뜹니다. 어깨는 겉끼리 맞대어 잡고서 빼뜨기로 잇고, 목둘레단은 2코 고무뜨기로 뜬 후에 2코 고무뜨기 코마무리를 합니다. 앞여밈단을 뜨면서 오른쪽에는 단춧구멍을 냅니다. 옆선과 소매 아래선은 떠서 꿰매기로 연결하고, 소매는 몸판에 빼뜨기로 연결합니다.

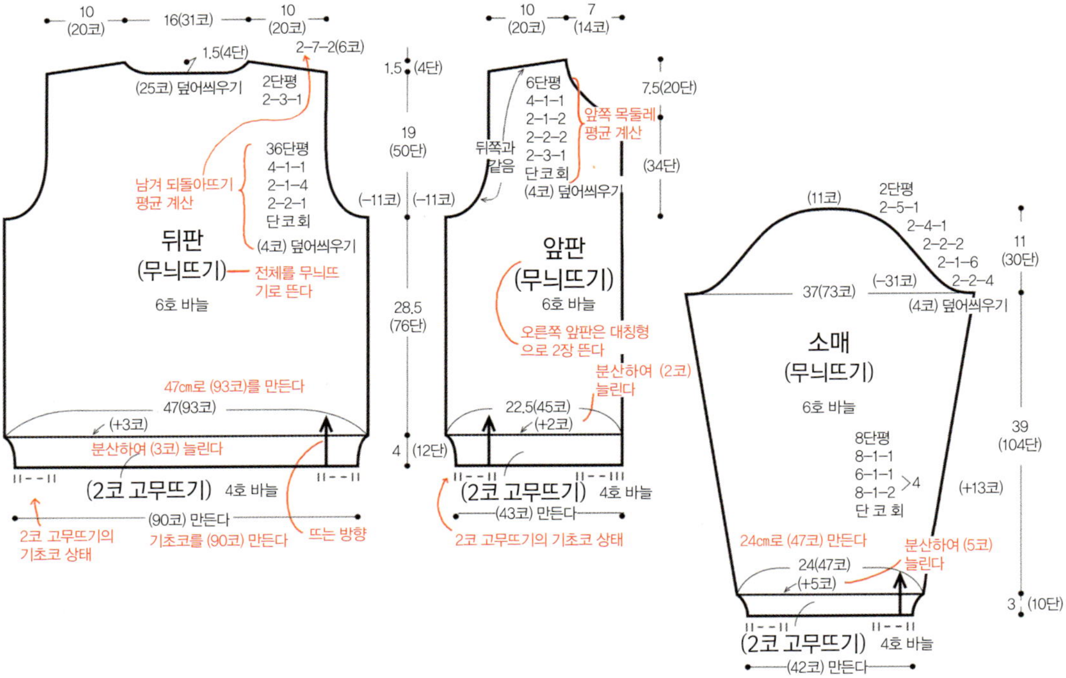

뒤판 (무늬뜨기) — 6호 바늘

- 10 (20코)
- 16(31코)
- 10 (20코)
- 1.5(4단)
- 2-7-2(6코)
- (25코) 덮어씌우기
- 2단평 2-3-1
- 36단평 4-1-1 2-1-4 2-2-1 단코회 (4코) 덮어씌우기
- 남겨 되돌아뜨기 평균 계산
- 전체를 무늬뜨기로 뜬다
- 47cm로 (93코)를 만든다
- 47(93코)
- (+3코)
- 분산하여 (3코) 늘린다
- (2코 고무뜨기) 4호 바늘
- 2코 고무뜨기의 기초코 상태
- (90코) 만든다
- 기초코를 (90코) 만든다
- 뜨는 방향

앞판 (무늬뜨기) — 6호 바늘

- 10 (20코)
- 7 (14코)
- 1.5 (4단)
- 19 (50단)
- 6단평 4-1-1 2-1-2 2-2-2 2-3-1 단코회 (4코) 덮어씌우기
- 뒤쪽과 같음
- 7.5(20단)
- 앞쪽 목둘레 평균 계산
- (34코)
- (−11코) (−11코)
- 28.5 (76단)
- 오른쪽 앞판은 대칭형으로 2장 뜬다
- 분산하여 (2코) 늘린다
- 22.5(45코) (+2코)
- 4 (12단)
- (2코 고무뜨기) 4호 바늘
- (43코) 만든다
- 2코 고무뜨기의 기초코 상태

소매 (무늬뜨기) — 6호 바늘

- (11코)
- 2단평 2-5-1 2-4-1 2-2-2 2-1-6 2-2-4 (4코) 덮어씌우기
- 11 (30단)
- 37(73코)
- (−31코)
- 39 (104단)
- 8단평 8-1-1 6-1-1 8-1-2 단코회 >4
- (+13코)
- 24cm로 (47코) 만든다
- 24(47코) (+5코)
- 분산하여 (5코) 늘린다
- 3 (10단)
- (2코 고무뜨기) 4호 바늘
- (42코) 만든다

무늬뜨기
무늬뜨기 기호도를 보는 방법→24쪽

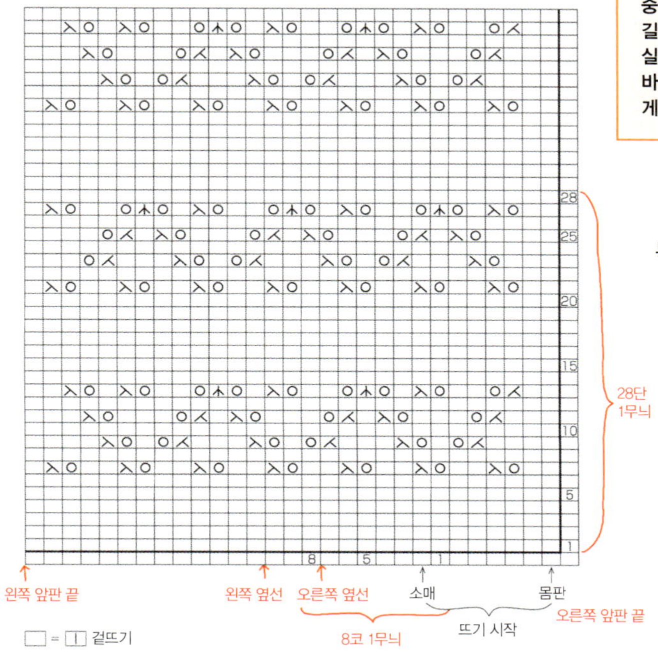

●Puppy Queen Anny Pink
품질 양모 100%
중량 50g 타래
길이 약 97m
실 종류 병태사
바늘 호수 6～7호
게이지 가로세로로 10㎝ 19～20코×27～28단

28단
1무늬

28
25
20
15
10
5
1

왼쪽 앞판 끝
왼쪽 옆선
오른쪽 옆선
소매
몸판
오른쪽 앞판 끝

8 5 1
8코 1무늬
뜨기 시작

□ = | 겉뜨기

목둘레단·앞여밈단(2코 고무뜨기)　4호 바늘

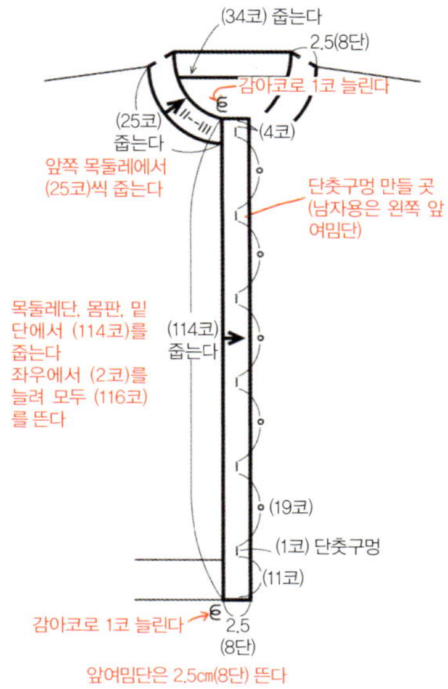

(34코) 줍는다
2.5(8단)
감아코로 1코 늘린다
(25코) 줍는다
(4코)
앞쪽 목둘레에서
(25코)씩 줍는다

단춧구멍 만들 곳
(남자용은 왼쪽 앞
여밈단)

목둘레단, 몸판, 밑
단에서 (114코)를
줍는다
좌우에서 (2코)를
늘려 모두 (116코)
를 뜬다

(114코)
줍는다

(19코)

(1코) 단춧구멍
(11코)

감아코로 1코 늘린다
2.5
(8단)
앞여밈단은 2.5㎝(8단) 뜬다

단춧구멍(오른쪽 앞여밈단)
단춧구멍은 오른쪽 앞여밈단에 만든다

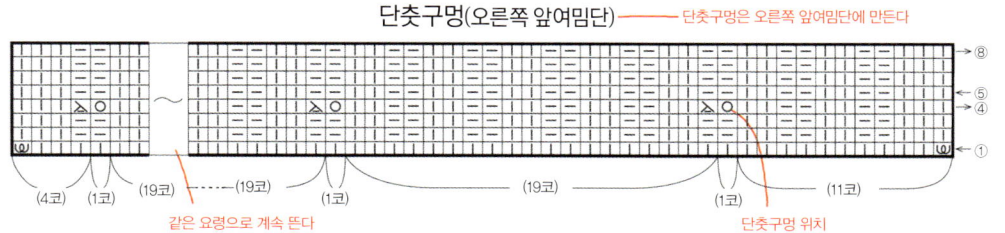

8
5
4
1

(4코)　(1코)　(19코)┈┈(19코)　(1코)　(19코)　(1코)　(11코)
같은 요령으로 계속 뜬다
단춧구멍 위치

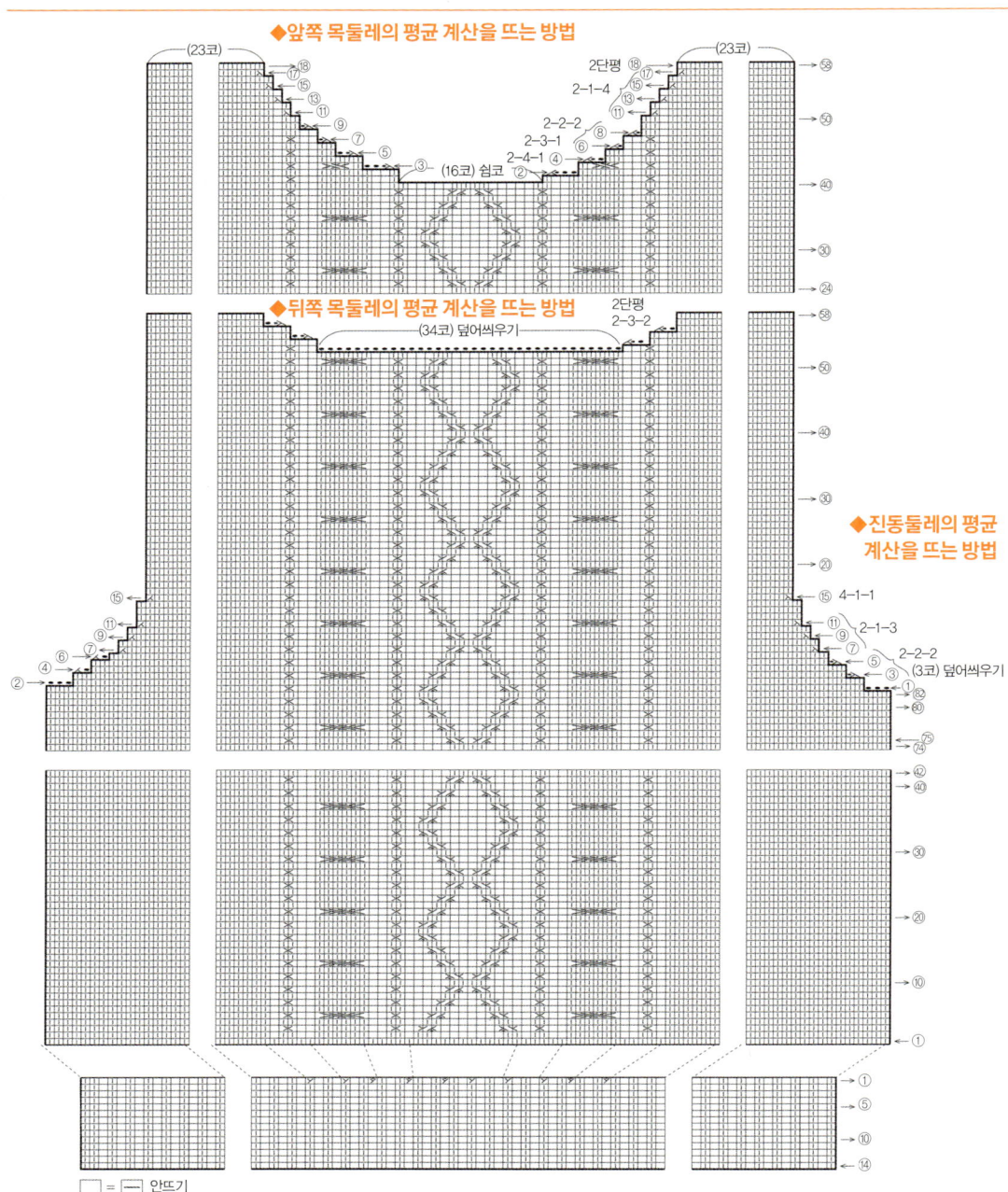

◆앞쪽 목둘레의 평균 계산을 뜨는 방법

(23코)

2단평
2-1-4
2-2-2
2-3-1
2-4-1

(23코)

(16코) 쉼코

◆뒤쪽 목둘레의 평균 계산을 뜨는 방법

2단평
2-3-2

(34코) 덮어씌우기

◆진동둘레의 평균
계산을 뜨는 방법

4-1-1
2-1-3
2-2-2
(3코) 덮어씌우기

□ = □ 안뜨기

평균 계산을 실제로 뜰 때는 어떻게 해야 하나요?

8~9쪽은 라운드 네크라인 스웨터에서 '평균 계산'이 들어가는 부분을 나타낸 그림입니다. 이렇게 전체 그림을 표기한 책도 있기는 하지만, 대개는 간단한 도안만 나와 있을 때가 더 많습니다. 전체 그림이 없더라도 평균 계산의 규칙만 알면 누구나 분산하여 코를 늘리고 줄일 수 있습니다. 2코 이상의 덮어씌우기는 실 끝이 있는 쪽에서만 할 수 있기 때문에 좌우가 1단씩 어긋나게 됩니다. 이때 오른쪽은 겉을 보는 단에서, 왼쪽은 안을 보는 단에서 뜹니다. 2코 모아뜨기로 1코를 줄일 때는 겉을 보며 뜨는 단에서 좌우를 같이 줄일 수 있습니다. 소매 아래선의 코 늘리기는 좌우 같은 단에서 조작합니다.

◆ 소매산의 평균 계산을 뜨는 방법

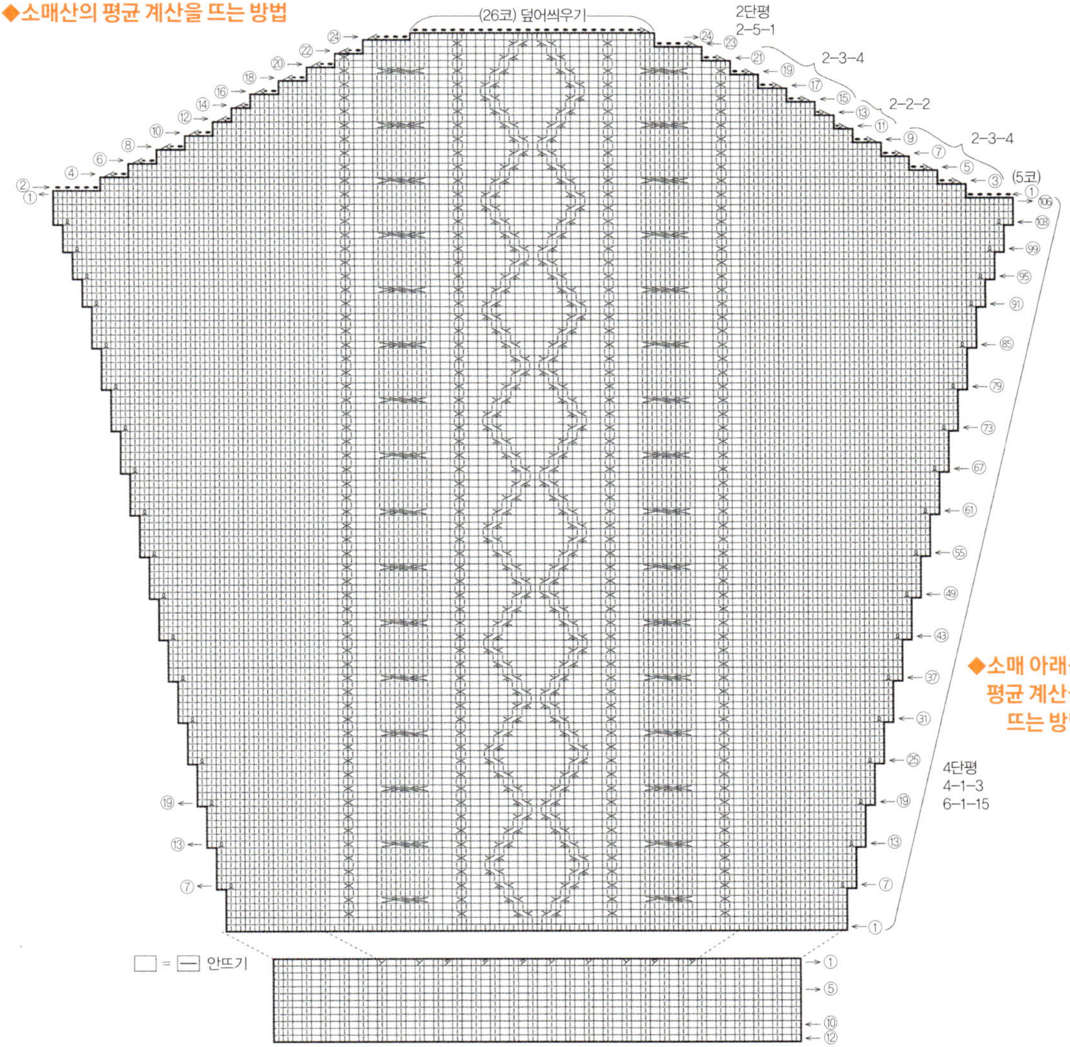

(26코) 덮어씌우기

2단평
2–5–1

2–3–4

2–2–2

2–3–4

(5코)

◆ 소매 아래선
평균 계산을
뜨는 방법

4단평
4–1–3
6–1–15

□ = ⊟ 안뜨기

카디건의 앞쪽 목둘레가 좌우 1단씩 어긋나요.

A 덮어씌우기로 코를 막으면 앞쪽 목둘레뿐만 아니라 다른 곳도 1단씩 어긋나게 됩니다. 2코 이상 코를 줄일 때는 덮어씌우기로 줄이는데, 이는 실 끝이 있는 쪽에서만 조작할 수 있습니다. 그래서 진동둘레, 목둘레, 소매산에서 덮어씌우기를 하려면 오른쪽은 1·3·5…의 홀수 단에서, 왼쪽은 2·4·6…의 짝수 단에서 해야 합니다. 카디건의 앞쪽 목둘레 역시 아래의 오른쪽 도안(왼쪽 앞판)을 보면 2단부터 시작되고, 왼쪽 도안(오른쪽 앞판)을 보면 1단부터 시작됩니다. 전체적으로 보면 아주 작은 차이여서 눈에 띄지 않으니 1단씩 어긋나도 괜찮습니다.

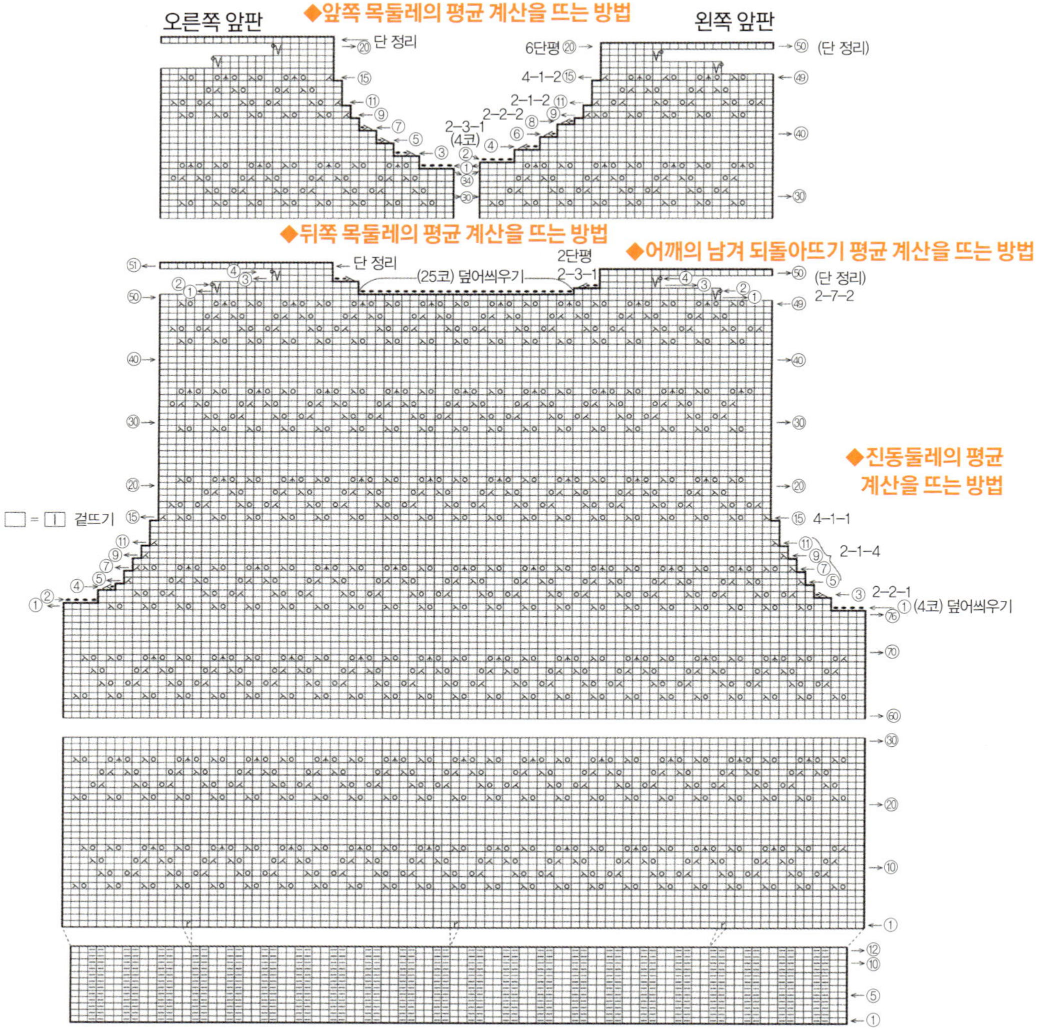

오른쪽 앞판　　**◆앞쪽 목둘레의 평균 계산을 뜨는 방법**　　왼쪽 앞판

◆뒤쪽 목둘레의 평균 계산을 뜨는 방법

◆어깨의 남겨 되돌아뜨기 평균 계산을 뜨는 방법

◆진동둘레의 평균 계산을 뜨는 방법

□ = ▮ 겉뜨기

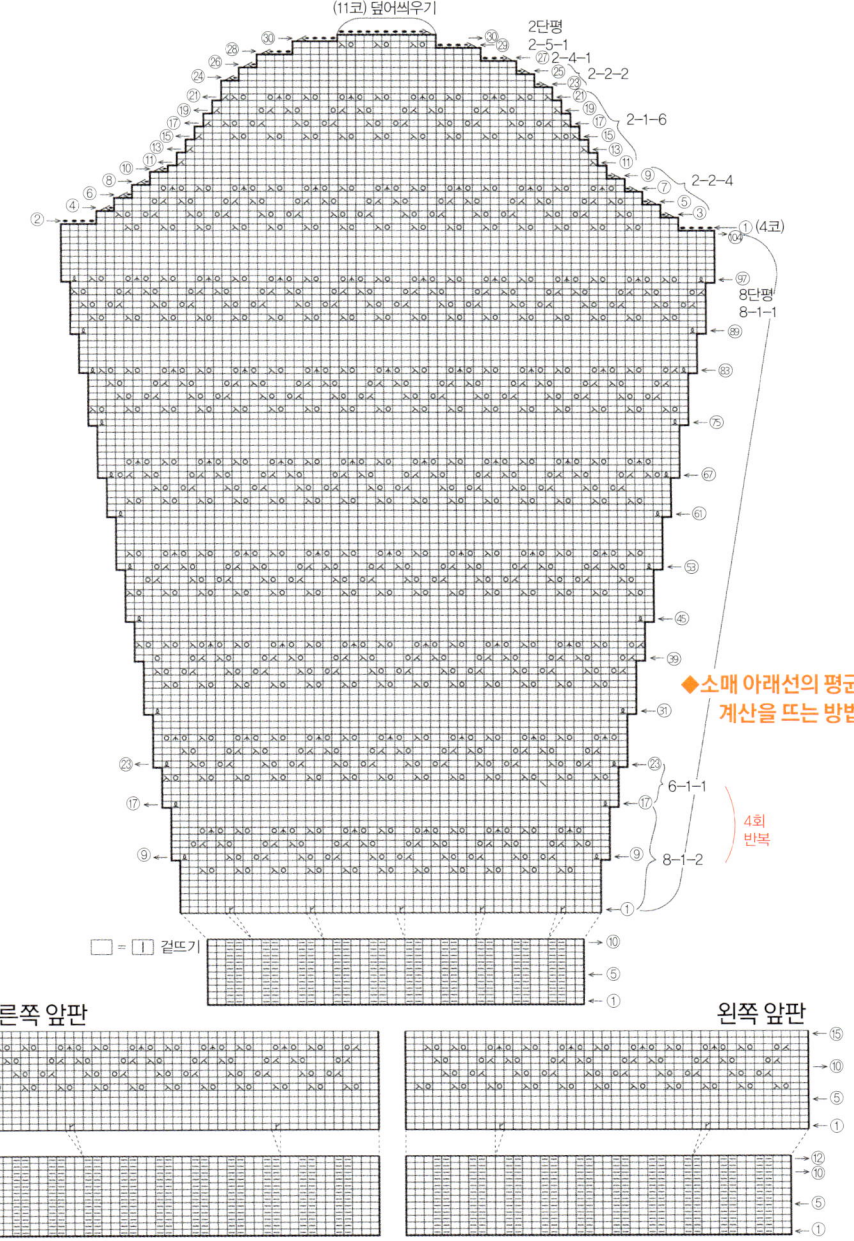

◆소매산의 평균 계산을 뜨는 방법

(11코) 덮어씌우기

2단평
2-5-1
2-4-1
2-2-2
2-1-6
2-2-4

(4코)

8단평
8-1-1

◆소매 아래선의 평균 계산을 뜨는 방법

6-1-1
4회 반복
8-1-2

☐ = ☐ 겉뜨기

오른쪽 앞판

왼쪽 앞판

손뜨개 도구에는 어떤 것들이 있나요?
무엇부터 갖추어야 할지 모르겠어요.

스웨터를 뜨는 데 필요한 도구는 2개짜리 한쪽 막힘 바늘 굵은 것(앞뒤 몸판·소매를 뜰 때), 2개짜리 한쪽 막힘 바늘 가는 것(목둘레·소맷단을뜰 때), 4개·5개짜리 양면 바늘 또는 줄바늘(목둘레를 원형으로 뜰 때), 코바늘(기초코를 뜨고 어깨를 이을 때), 보조바늘(교차뜨기를 할 때), 돗바늘, 시침핀, 자, 가위입니다. 그 밖에 있으면 편리한 도구로는 풀림막음핀(코를 잠시 잡아둘 때), 대바늘 마개(대바늘에서 코가 빠지지 않도록 할 때), 기초코용 실(기초코를 뜰 때), 단수링(뜨개코에 걸어 단수를 표시할 때), 콧수링(대바늘에 꿰어 콧수를 표시할 때) 등이 있습니다.

◆대바늘 호수와 지름

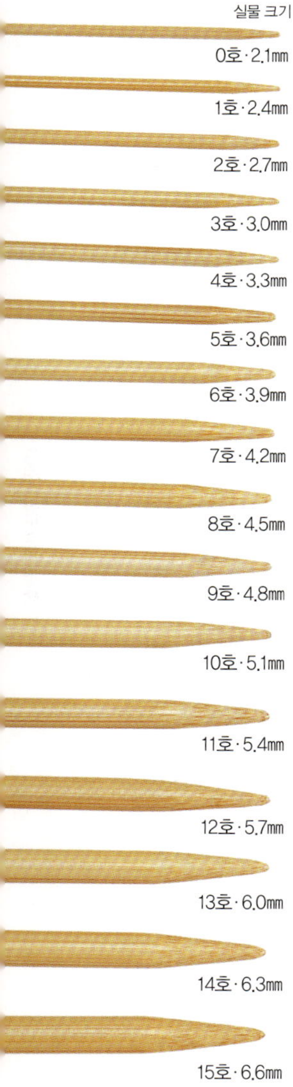

실물 크기

0호·2.1mm

1호·2.4mm

2호·2.7mm

3호·3.0mm

4호·3.3mm

5호·3.6mm

6호·3.9mm

7호·4.2mm

8호·4.5mm

9호·4.8mm

10호·5.1mm

11호·5.4mm

12호·5.7mm

13호·6.0mm

14호·6.3mm

15호·6.6mm

◆대바늘 종류

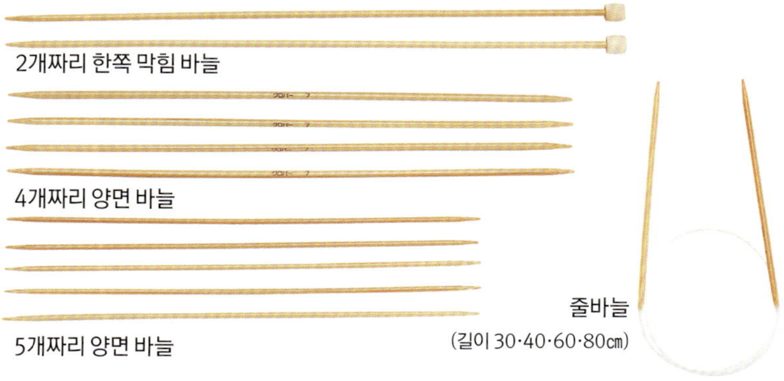

2개짜리 한쪽 막힘 바늘

4개짜리 양면 바늘

5개짜리 양면 바늘

줄바늘
(길이 30·40·60·80cm)

◆그 밖의 도구

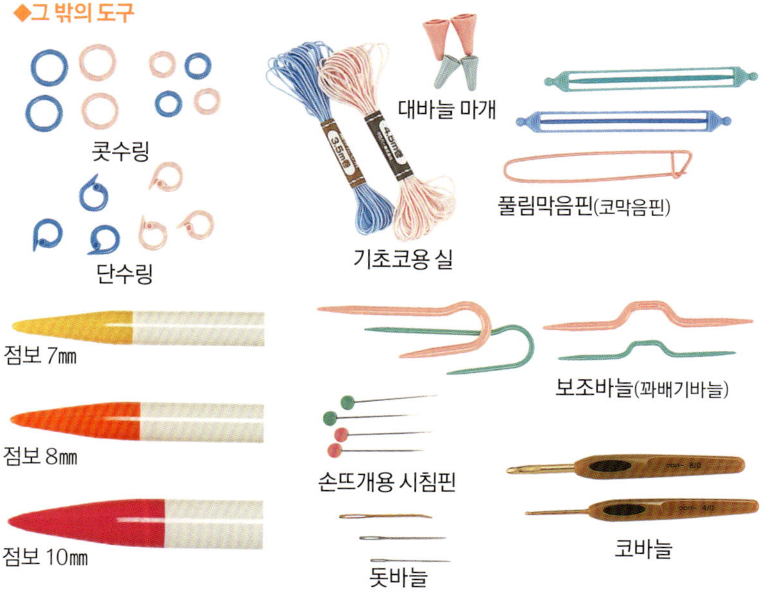

콧수링

단수링

기초코용 실

대바늘 마개

풀림막음핀(코막음핀)

점보 7mm

점보 8mm

점보 10mm

보조바늘(꽈배기바늘)

손뜨개용 시침핀

돗바늘

코바늘

실을 사러 가면 털실의 종류가 정말 많아요.
꼭 책에 나온 실과 똑같은 실로 떠야 할까요?

A 초보자가 책에 나온 작품과 똑같은 느낌, 똑같은 치수로 작품을 뜨고 싶다면 지정한 실을 쓰는 편이 좋습니다. 만약 똑같은 실을 찾지 못했거나 다른 실, 또는 이미 가지고 있는 실을 쓰고 싶다면 실의 굵기를 확인합니다. 실의 라벨에는 그 실에 알맞은 대바늘 호수와 메리야스뜨기로 떴을 때의 표준 게이지가 나와 있습니다. 우선은 책에 적힌 게이지와 대체로 일치하는지 비교해보세요. 1타래의 g 수와 실 길이도 확인합니다. 같은 g 수로 환산해서 거의 같은 길이가 나온다면 그 실을 사용해도 좋습니다.

◆ 실의 굵기

극세사
합세사
중세사
합태사
병태사
극태사
초극태사

실물 크기

위의 명칭은 실의 굵기를 나타내는 것으로, 극세사에서 초극태사까지 다양합니다. 그러나 어디까지나 참고사항일 뿐, 제조회사나 실의 종류에 따라 실제 굵기는 얼마든지 달라질 수 있습니다.

◆ 실의 종류

메탈사
루파 얀
리본 얀
모헤어
부클레
모루 얀
트위드
로빙 얀

실의 모양으로 보면 스트레이트 얀이 가장 많고, 그 밖에도 모헤어나 트위드, 부클레 등 종류가 다양합니다. 장식적인 효과를 내기 위해 특수 가공한 실은 총칭해서 '팬시 얀'이라고도 합니다. 소재로 따지자면 울·실크·면·마같이 천연 소재로 짠 실 이외에 아크릴이나 나일론 등이 섞인 실도 있습니다.

◆ 취급 방법

 중성 세제로 가볍게 손세탁하세요. 물 온도는 30도 정도가 적당합니다.

 중성 세제로 약하게 세탁하세요. 세탁기 물 온도는 30도가 적당합니다.

 염소계 표백제를 사용하지 마세요.

 원단 위에 천을 덮고 중간 온도(140~160도)로 다림질하세요.

 원단 위에 천을 덮고 낮은 온도(80~120도)로 다림질하세요.

 드라이클리닝을 권장합니다.

 바닥에 뉘어서 그늘에 말리세요.

◆ 라벨 보는 방법

실의 소재와 품질

이 실을 뜨는 데 가장 알맞은 바늘의 굵기

품명	○○얀		
품질	모 100%	참고 사용 대바늘	8~10호
표준 상태 중량 (실 길이)		50g 타래	
	(약 95m)	표준 게이지 (메리야스뜨기)	16~17코
색 번호 (COL.)	101		23~24단
		로트 번호(LOT) A	
제조·발매	○○주식회사		

표시된 바늘로 메리야스뜨기를 했을 때 가로세로 10cm 안에 들어가는 표준 콧수와 단수

☆ 로트 번호는 실을 염색할 때의 가마 번호입니다. 색상 번호가 같더라도 로트 번호가 다르면 색상에 미묘한 차이가 있을 수 있습니다. 실이 부족해서 더 구입해야 할 때는 로트 번호를 확인하세요.

라벨에는 실의 무게와 길이, 표준 바늘, 표준 게이지, 다림질 방법, 세탁 시 유의사항 등 실에 관한 중요한 정보가 표시되어 있으므로 작품을 완성할 때까지 버리지 말고 보관합니다.

Q 손뜨개 책을 보다 보면 여러 뜨개 기호가 나와요.
이 기호를 볼 줄 알면 어떤 무늬든 뜰 수 있나요?

A 뜨개코를 기호로 나타낸 것이 뜨개 기호이고, 무늬뜨기는 이 기호를 조합해서 뜹니다.
기호를 보는 방법과 뜨는 방법만 알면 복잡한 무늬도 얼마든지 뜰 수 있습니다.

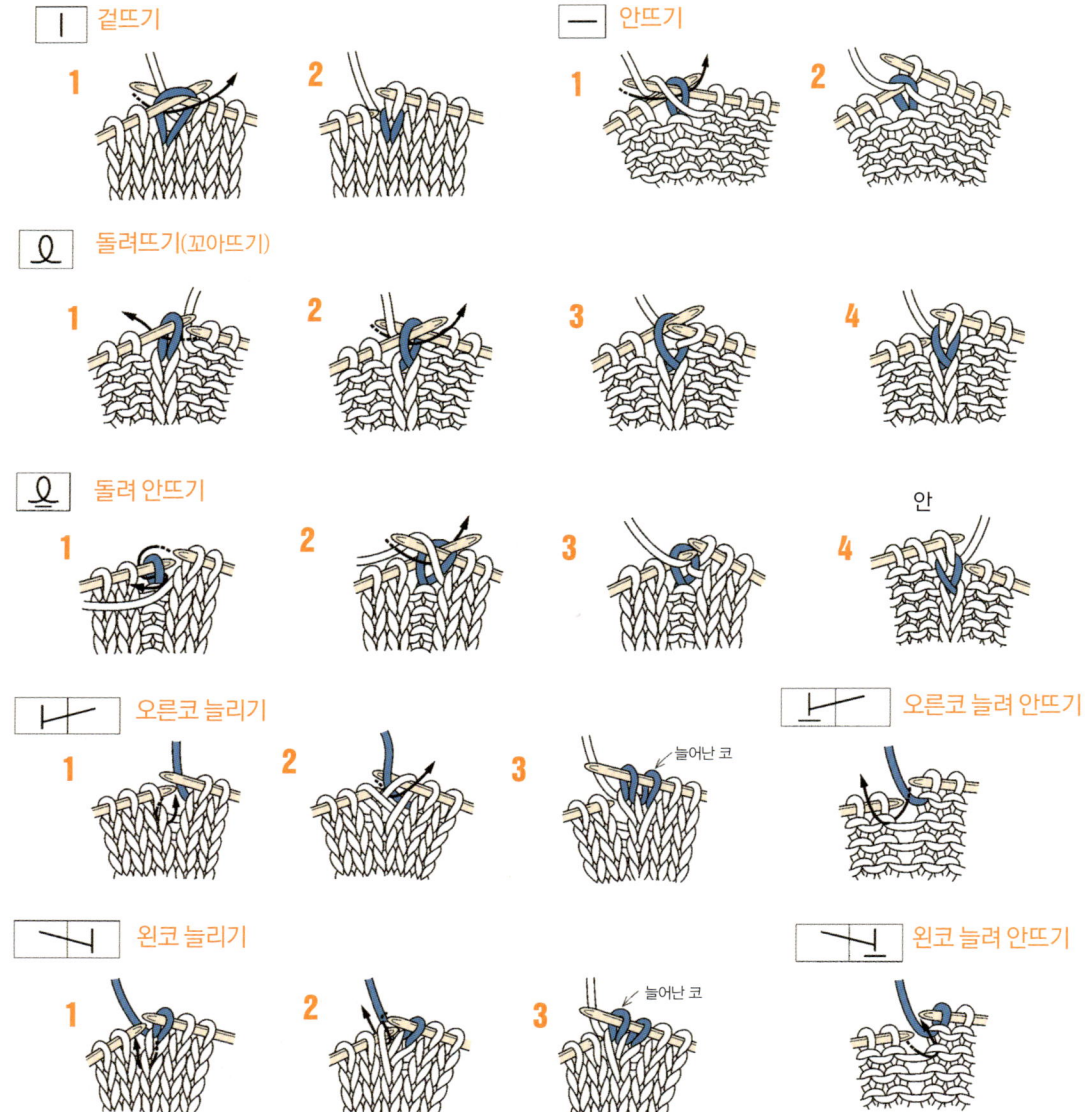

겉뜨기	안뜨기
돌려뜨기(꼬아뜨기)	
돌려 안뜨기	
오른코 늘리기	오른코 늘려 안뜨기
왼코 늘리기	왼코 늘려 안뜨기

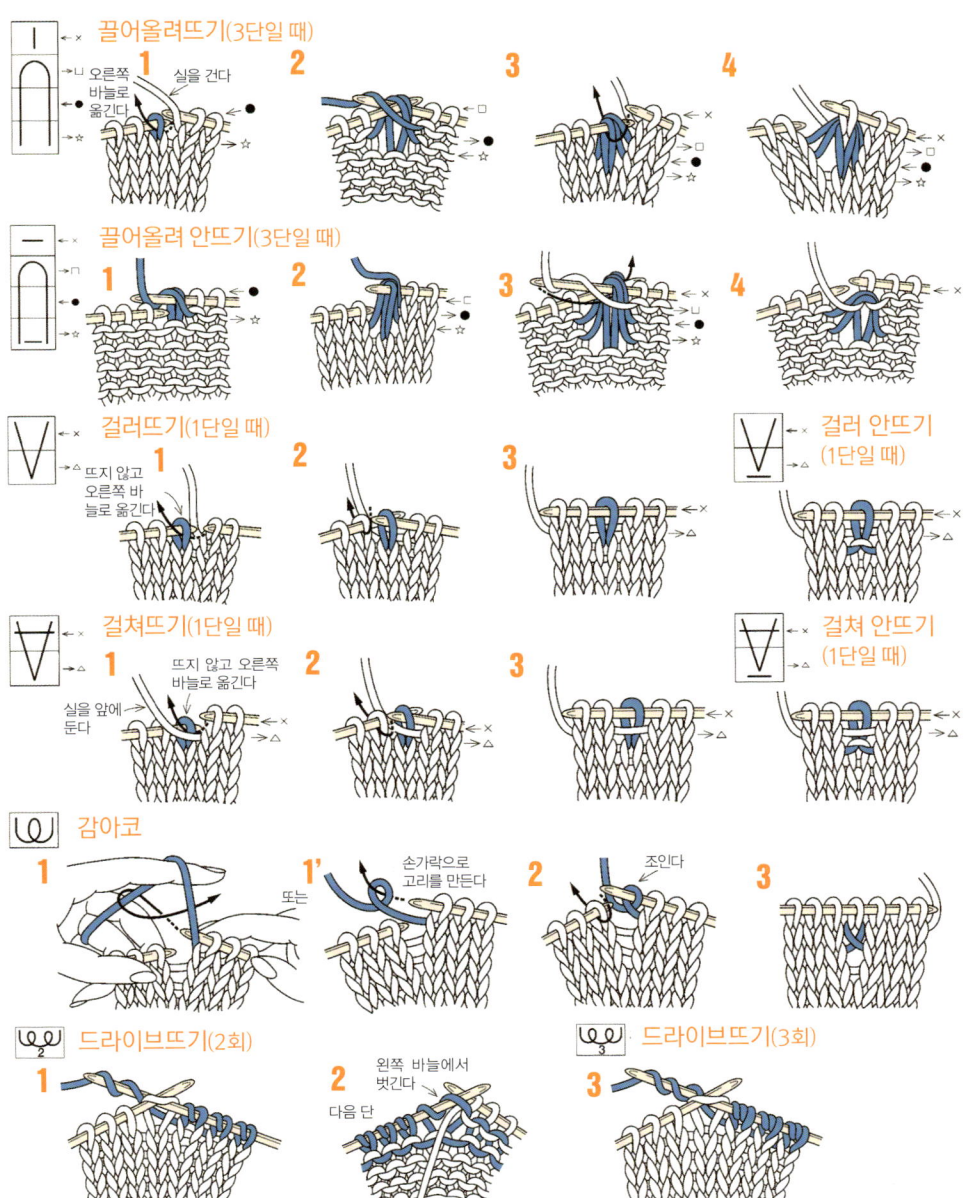

끌어올려뜨기(3단일 때)

1 오른쪽 바늘로 옮긴다 / 실을 건다
2
3
4

끌어올려 안뜨기(3단일 때)

1
2
3
4

걸러뜨기(1단일 때)

1 뜨지 않고 오른쪽 바늘로 옮긴다
2
3

걸러 안뜨기 (1단일 때)

걸쳐뜨기(1단일 때)

1 뜨지 않고 오른쪽 바늘로 옮긴다 / 실을 앞에 둔다
2
3

걸쳐 안뜨기 (1단일 때)

감아코

1 또는
1' 손가락으로 고리를 만든다
2 조인다
3

드라이브뜨기(2회)

1
2 왼쪽 바늘에서 벗긴다 / 다음 단

드라이브뜨기(3회)

3

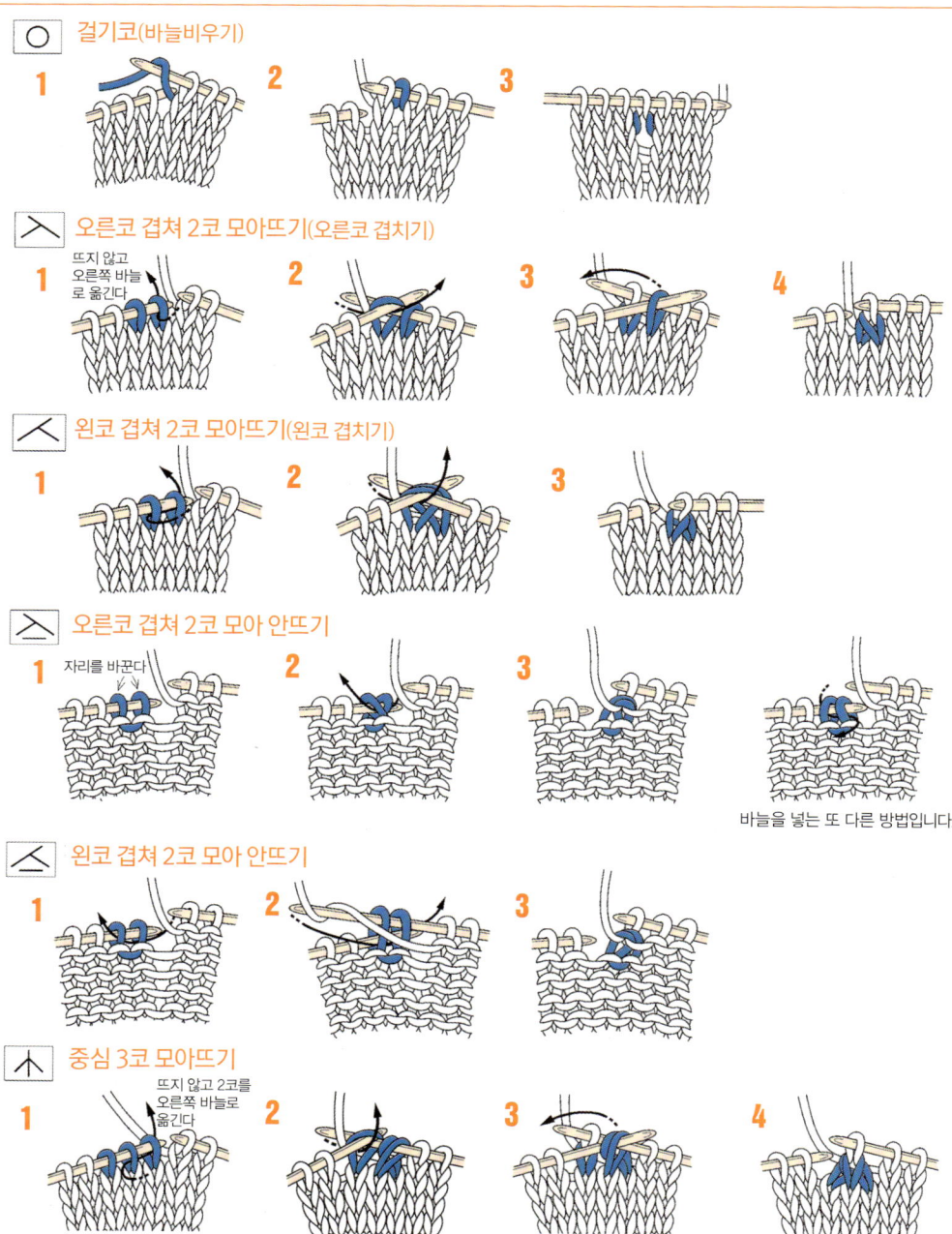

○ 걸기코(바늘비우기)

1 **2** **3**

⅄ 오른코 겹쳐 2코 모아뜨기(오른코 겹치기)

1 뜨지 않고 오른쪽 바늘로 옮긴다 **2** **3** **4**

⅄ 왼코 겹쳐 2코 모아뜨기(왼코 겹치기)

1 **2** **3**

⅄ 오른코 겹쳐 2코 모아 안뜨기

1 자리를 바꾼다 **2** **3**

바늘을 넣는 또 다른 방법입니다.

⅄ 왼코 겹쳐 2코 모아 안뜨기

1 **2** **3**

木 중심 3코 모아뜨기

1 뜨지 않고 2코를 오른쪽 바늘로 옮긴다 **2** **3** **4**

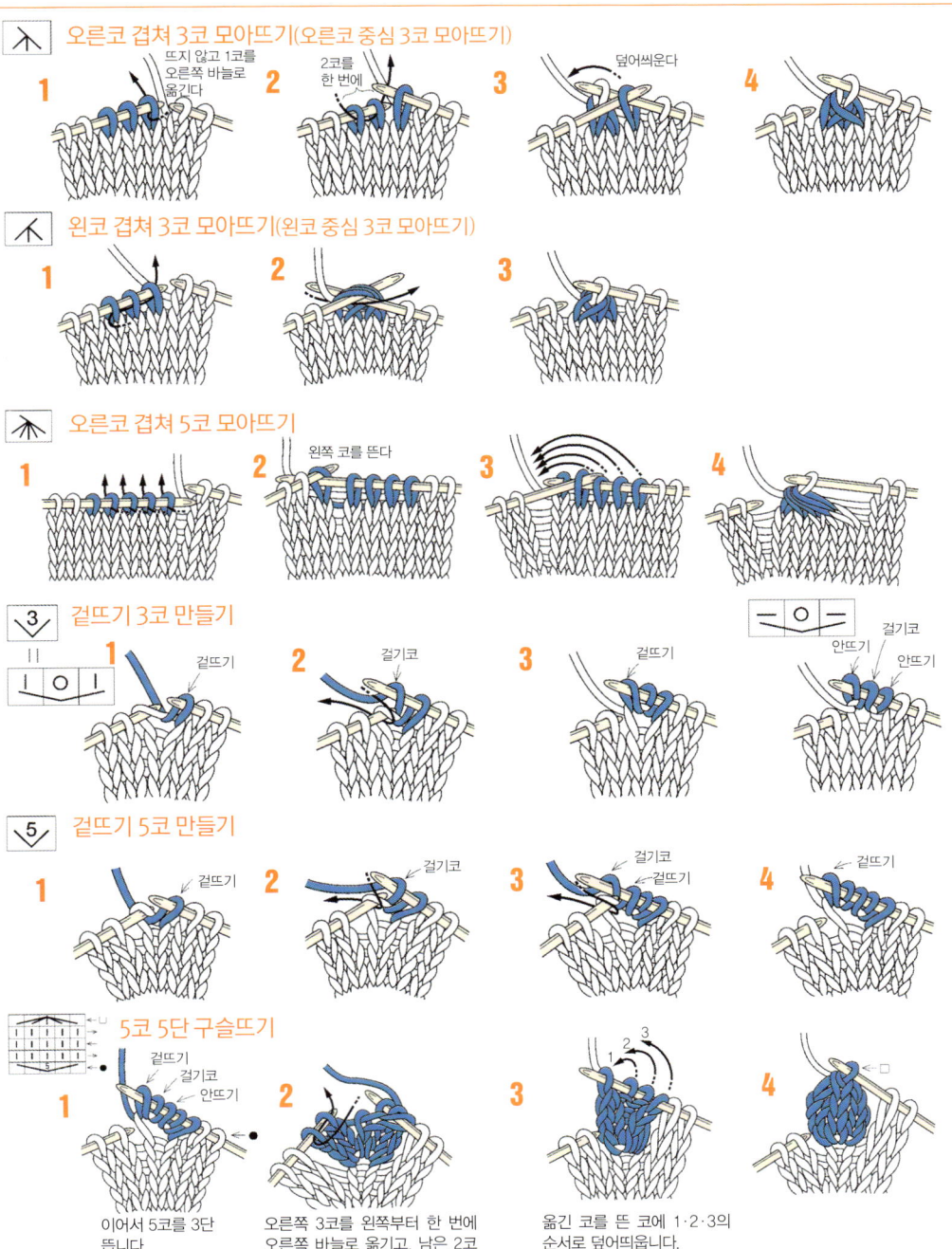

오른코 겹쳐 3코 모아뜨기(오른코 중심 3코 모아뜨기)

1 뜨지 않고 1코를 오른쪽 바늘로 옮긴다

2 2코를 한 번에

3 덮어씌운다

4

왼코 겹쳐 3코 모아뜨기(왼코 중심 3코 모아뜨기)

1

2

3

오른코 겹쳐 5코 모아뜨기

1

2 왼쪽 코를 뜬다

3

4

겉뜨기 3코 만들기

1 겉뜨기

2 걸기코

3 겉뜨기

걸기코

안뜨기

안뜨기

겉뜨기 5코 만들기

1 겉뜨기

2 걸기코

3 걸기코

겉뜨기

4 겉뜨기

5코 5단 구슬뜨기

1 겉뜨기

걸기코

안뜨기

2

3

4

이어서 5코를 3단
뜹니다.

오른쪽 3코를 왼쪽부터 한 번에
오른쪽 바늘로 옮기고, 남은 2코
는 한 번에 겉뜨기로 합니다.

옮긴 코를 뜬 코에 1·2·3의
순서로 덮어띄웁니다.

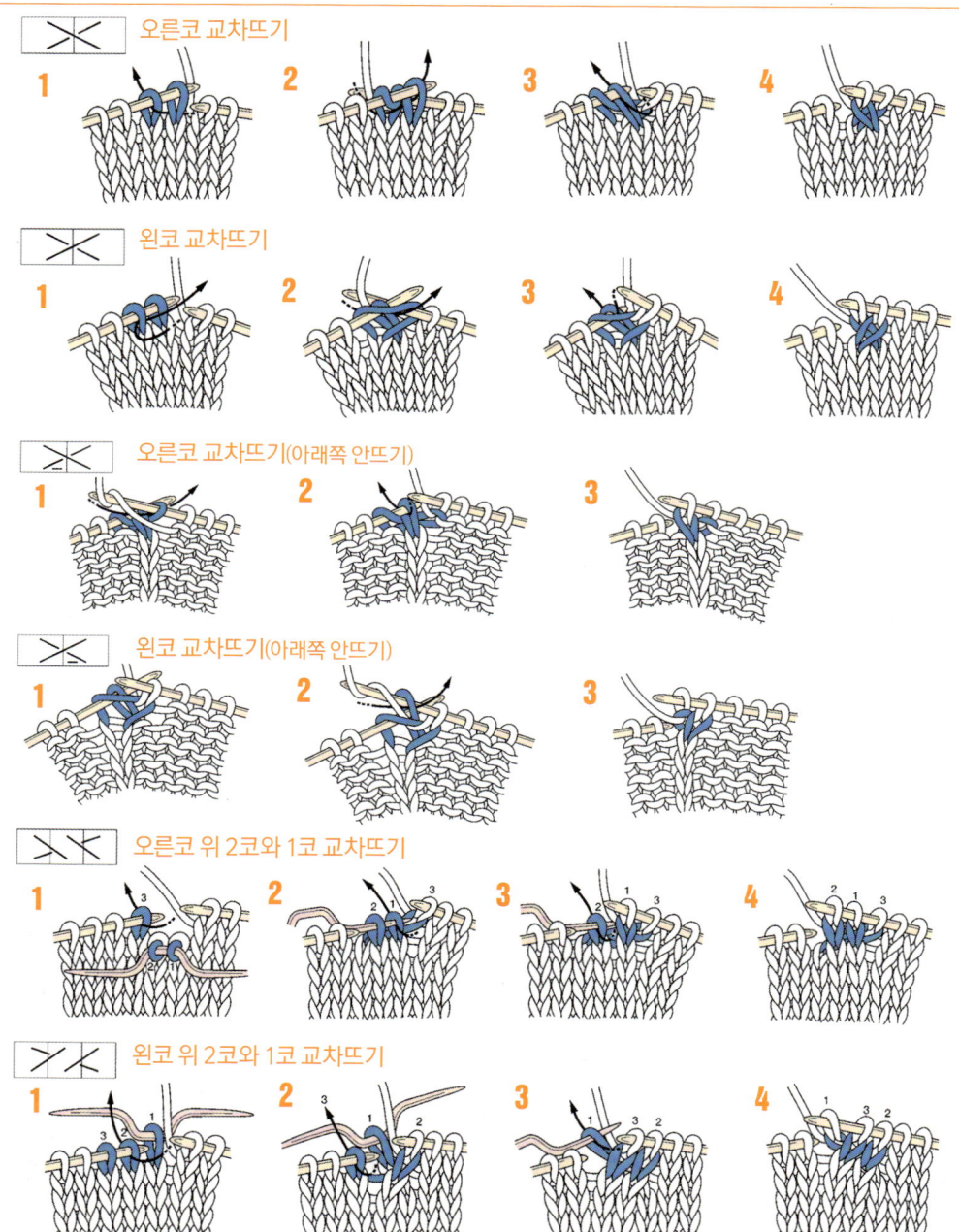

오른코 교차뜨기

왼코 교차뜨기

오른코 교차뜨기(아래쪽 안뜨기)

왼코 교차뜨기(아래쪽 안뜨기)

오른코 위 2코와 1코 교차뜨기

왼코 위 2코와 1코 교차뜨기

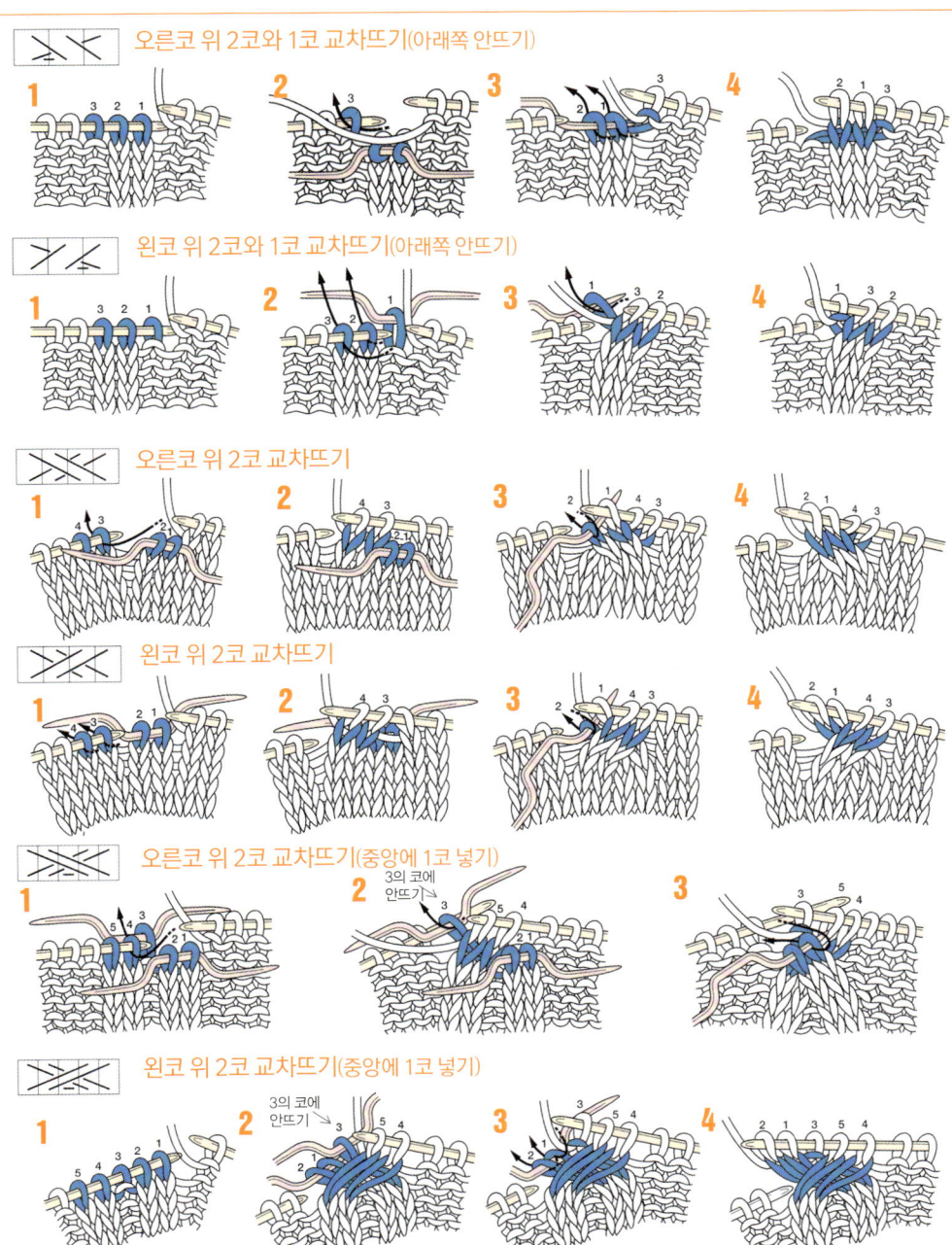

오른코 위 2코와 1코 교차뜨기(아래쪽 안뜨기)

왼코 위 2코와 1코 교차뜨기(아래쪽 안뜨기)

오른코 위 2코 교차뜨기

왼코 위 2코 교차뜨기

오른코 위 2코 교차뜨기(중앙에 1코 넣기)

왼코 위 2코 교차뜨기(중앙에 1코 넣기)

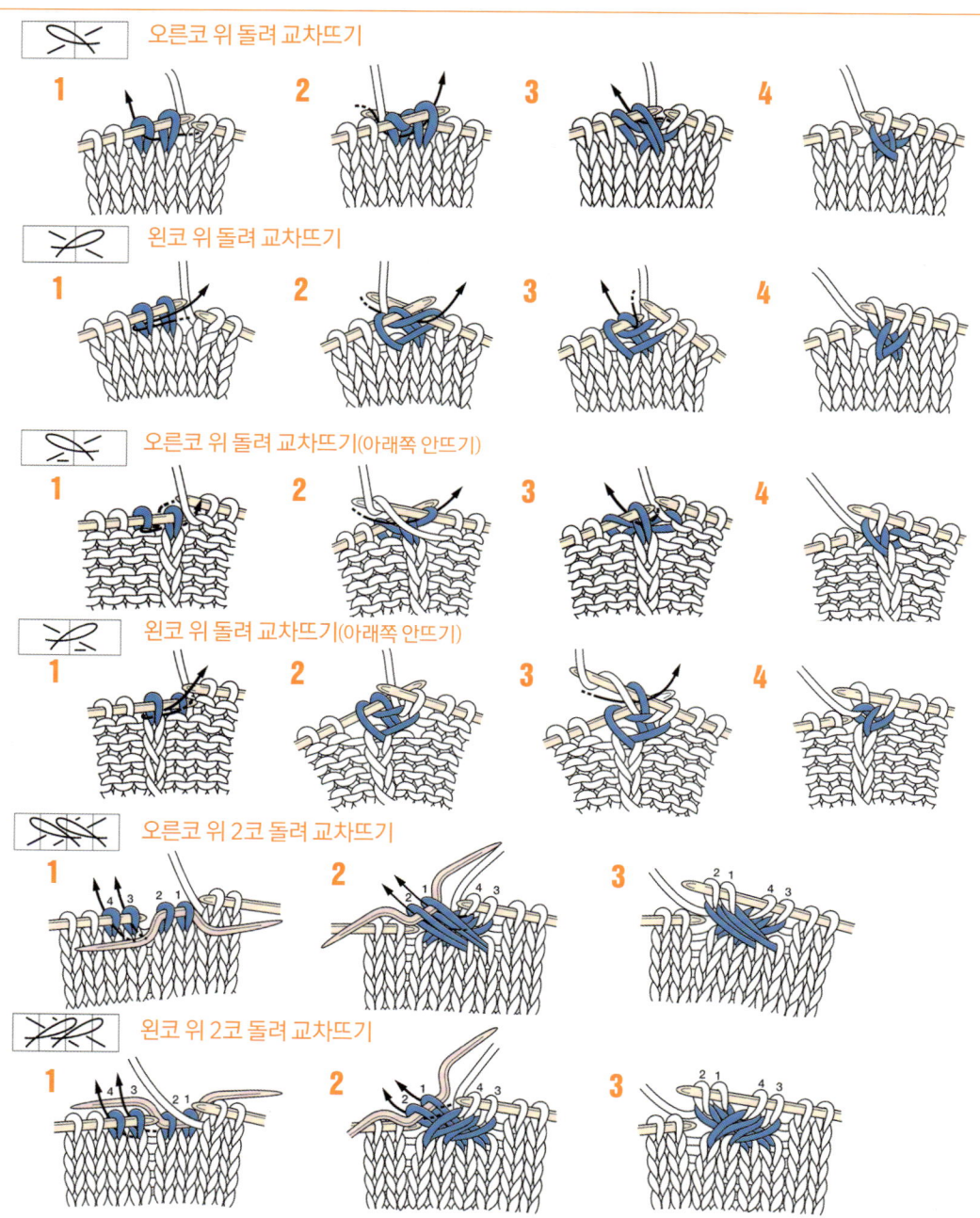

오른코 위 돌려 교차뜨기

1 2 3 4

왼코 위 돌려 교차뜨기

1 2 3 4

오른코 위 돌려 교차뜨기(아래쪽 안뜨기)

1 2 3 4

왼코 위 돌려 교차뜨기(아래쪽 안뜨기)

1 2 3 4

오른코 위 2코 돌려 교차뜨기

1 2 3

왼코 위 2코 돌려 교차뜨기

1 2 3

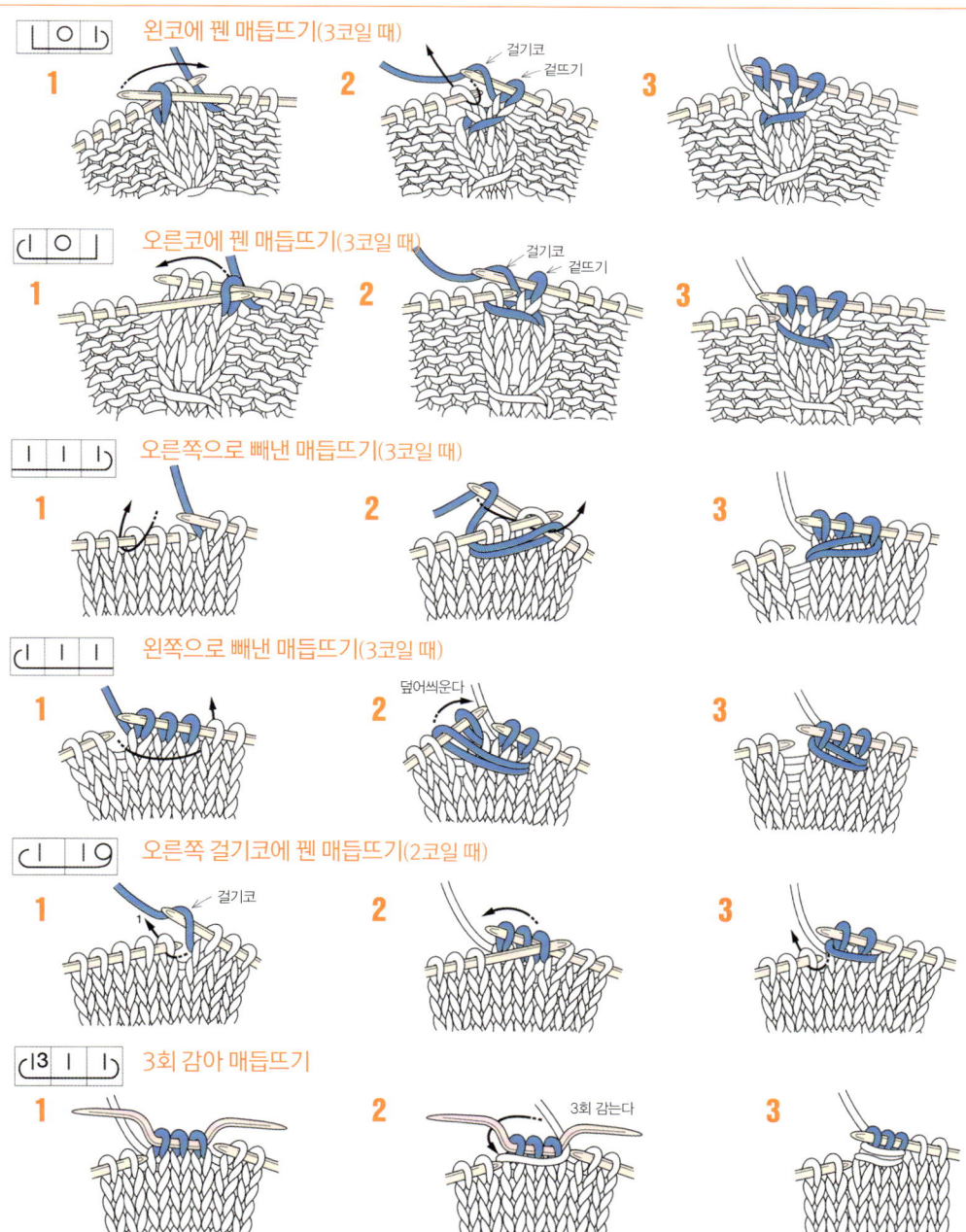

왼코에 꿴 매듭뜨기(3코일 때)

걸기코
겉뜨기

오른코에 꿴 매듭뜨기(3코일 때)

걸기코
겉뜨기

오른쪽으로 빼낸 매듭뜨기(3코일 때)

왼쪽으로 빼낸 매듭뜨기(3코일 때)

덮어씌운다

오른쪽 걸기코에 꿴 매듭뜨기(2코일 때)

걸기코

3회 감아 매듭뜨기

3회 감는다

대바늘 쥐는 방법과 실 거는 방법이 궁금해요.

A 대바늘 손뜨개에서는 실을 왼손에 거는 프랑스식과 실을 오른손에 거는 미국식이 있습니다. 어느 방법으로 뜨든 상관없지만, 바늘에 걸리는 고리의 오른쪽 실이 항상 앞쪽에 있어야 합니다.

◆**프랑스식**

왼손 검지에 실을 거는 방법으로, 빨리 뜰 수 있는 가장 일반적인 방법입니다.

왼손에 실을 거는 방법

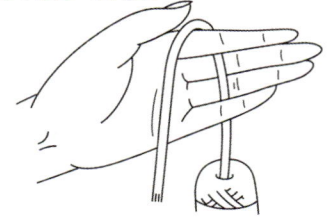

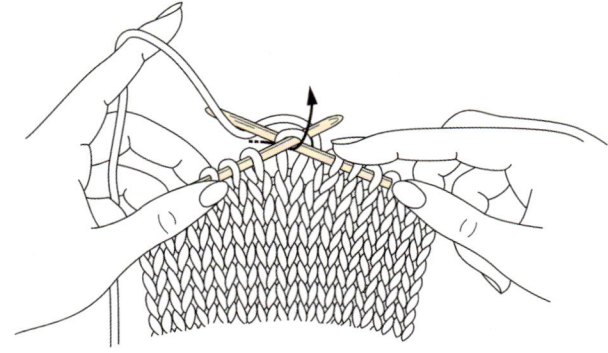

◆**미국식**

오른손 검지에 실을 거는 방법으로, 뜨개코가 가지런하고 예쁩니다.

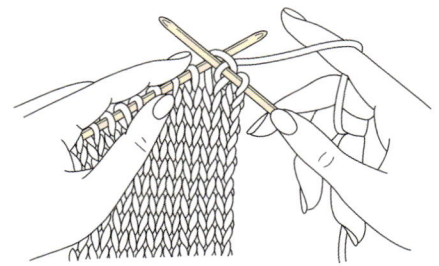

오른손에 실을 거는 방법

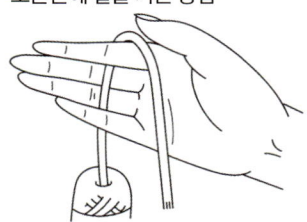

뜨개코의 올바른 모양

겉뜨기

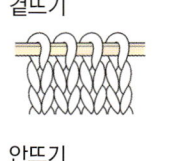

안뜨기

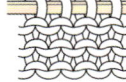

◆**뜨개코의 모양**

뜨개는 한 가닥의 실을 얽어서 만듭니다. 실을 올바르게 얽어야 보기에도 좋고 편물이 제 기능을 발휘할 수 있습니다. 올바른 메리야스뜨기의 뜨개코는 뒤집어진 팔(八) 자 모양으로, 항상 뿌리 쪽이 열려 있습니다. 기본에 해당하는 이 뜨개코의 모양을 잘 기억해두세요.

◆**니들 루프와 싱커 루프**

메리야스 뜨개코의 뒤집어진 팔(八) 자 모양 고리를 니들 루프(needle loop)라고 부르고, 코와 코 사이에 생기는 팔(八) 자 모양의 고리를 싱커 루프(sinker loop)라고 부릅니다. 만약 5코를 떴다면 싱커 루프는 양쪽 가장자리의 반코를 뺀 4코가 만들어집니다.

 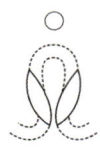 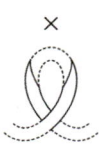

메리야스 뜨개코
(겉뜨기)

○ ×

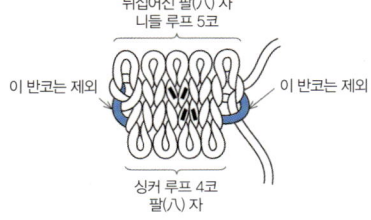

뒤집어진 팔(八) 자
니들 루프 5코

이 반코는 제외   이 반코는 제외

싱커 루프 4코
팔(八) 자

기본 뜨개바탕의 이름을 잘 모르겠어요.

A 대바늘 손뜨개에서 기초가 되는 뜨개코는 겉뜨기코와 안뜨기코입니다. 이 두 뜨개코를 조합해서 뜨는 뜨개바탕을 '기본 뜨개바탕'이라고 합니다. 기호도와 함께 기본 뜨개바탕을 알아보겠습니다. 기호도는 '겉'에서 본 뜨개코의 모양을 나타냅니다.

◆메리야스뜨기

겉뜨기가 이어지는 뜨개바탕입니다. 겉을 보고 뜰 때는 겉뜨기로, 안을 보고 뜰 때는 안뜨기로 떠야 하고, 왕복뜨기로 뜰 때는 단마다 뜨개바탕을 뒤집어야 합니다.

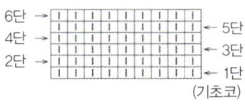

◆안메리야스뜨기

안뜨기가 이어지는 뜨개바탕입니다. 겉을 보고 뜰 때는 안뜨기로, 안을 보고 뜰 때는 겉뜨기로 떠야 하고, 왕복뜨기로 뜰 때는 단마다 뜨개바탕을 뒤집어야 합니다.

◆가터뜨기

겉뜨기와 안뜨기가 1단씩 교대로 이어지는 뜨개바탕입니다. 왕복뜨기로 뜰 때는 '단'마다 겉뜨기로만 떠야 합니다. 안과 겉의 모양이 똑같습니다.

◆고무뜨기

겉뜨기와 안뜨기를 '코'마다 번갈아가며 뜨는 뜨개바탕으로, 신축성이 좋아서 '고무뜨기'라고 부릅니다. 1코씩 교대로 뜨는 1코 고무뜨기와 2코씩 교대로 뜨는 2코 고무뜨기가 있습니다. 단마다 아랫단의 뜨개코와 똑같은 뜨개코로 떠야 합니다.

1코 고무뜨기

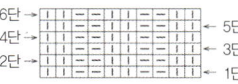

2코 고무뜨기

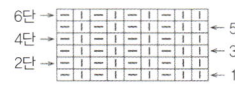

◆멍석뜨기

겉뜨기와 안뜨기를 상하좌우로 번갈아가며 뜨기 때문에 올록볼록해서 입체감이 있습니다. 1코 1단 멍석뜨기와 2코 2단 멍석뜨기가 일반적입니다.

1코 1단 멍석뜨기

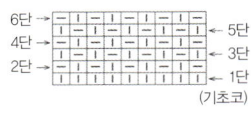

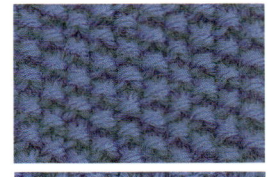

2코 2단 멍석뜨기

대바늘 손뜨개 무엇이든 Q&A

바늘 잡는 방법·실 거는 방법·기본 뜨개바탕

무늬뜨기 기호도를 도무지 모르겠어요.
대체 무늬는 어떻게 이어지는 건가요?

A 무늬뜨기 기호도를 보려면 몇 가지 약속을 알아야 합니다. 이를 알고 있으면 어떤 무늬도 뜰 수 있습니다.

- 무늬뜨기 기호도는 모두 '겉'에서 본 모습을 나타냅니다. 홀수 단은 뜨개바탕의 겉면을, 짝수 단은 뜨개바탕의 안면을 보며 뜹니다. 겉을 보며 뜨는 홀수 단은 기호도를 따라서 그대로 뜨고, 안을 보며 뜨는 짝수 단은 기호도의 반대가 되는 뜨개코(겉뜨기→안뜨기, 안뜨기→겉뜨기)로 떠야 합니다.

- 무늬뜨기 기호도에서는 일반적으로 오른쪽 맨 끝 칸부터 뜨기 시작합니다. 각 부분의 뜨기 시작 위치가 똑같을 때는 시작하는 위치가 나와 있지 않습니다. 만약 뜨기 시작 위치가 각각 다르면 화살표로 시작 위치를 표시합니다.

- 가장 아래의 가로 칸은 콧수를, 오른쪽 맨 끝의 세로 칸은 단수를 나타냅니다. 숫자는 무늬 하나를 이루는 콧수와 단수를 말합니다. 뜰 때는 지정한 뜨기 시작 위치에서 시작하여 콧수·단수의 마지막 숫자까지 뜨고서 다시 1로 돌아와 반복합니다. 무늬 하나를 아래같이 색칠해놓으면 알아보기 쉽습니다.

- 도안을 알아보기 쉽게 하려고 뜨개 기호를 생략하기도 합니다. 이럴 때는 '□=□ 겉뜨기'나 '□=□ 안뜨기' 같이 기호도 밖에 따로 표시되어 있으니 참고하여 뜹니다.

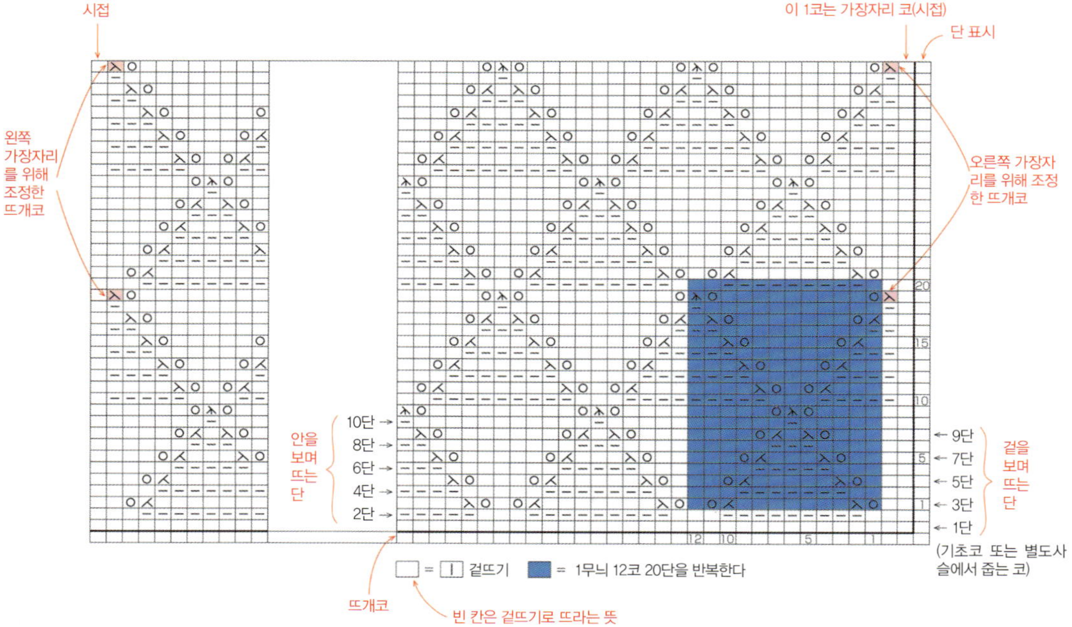

시접

왼쪽 가장자리를 위해 조정한 뜨개코

이 1코는 가장자리 코(시접)

단 표시

오른쪽 가장자리를 위해 조정한 뜨개코

20

15

10단
8단
6단
4단
2단

안을 보며 뜨는 단

9단
7단
5단
3단
1단

겉을 보며 뜨는 단

(기초코 또는 별도사슬에서 줍는 코)

□ = □ 겉뜨기   ■ = 1무늬 12코 20단을 반복한다

뜨개코

빈 칸은 겉뜨기로 뜨라는 뜻

뜨기 시작 위치가 시접인가요?
무늬뜨기의 왼쪽 가장자리를 깔끔하게 끝내고 싶어요.

A 몸판이나 소매를 뜰 때 가장자리부터 무늬를 넣는다면 기호도에서 단의 첫코와 끝코가 시접에 해당됩니다. 무늬뜨기 기호도에서는 시작 위치인 오른쪽은 자세히 나와도 왼쪽은 생략될 때가 많습니다 (그 반대일 때도 있습니다). 이는 무늬뜨기를 끝낼 때는 시작하는 쪽과 대칭이 되어야 한다는 약속이 정해져 있기 때문입니다. 몸판이나 소매를 꿰매야 하는 스웨터 뜨기에서는 무늬 맞춤을 생각해서 무늬뜨기의 가장자리 코가 조정되어 있습니다. 따라서 아래 기호도같이 왼쪽 가장자리도 마찬가지로 조정해서 끝내야 합니다.

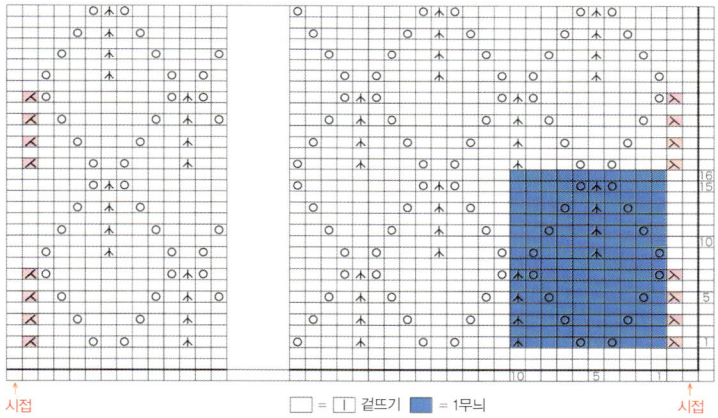

시접   □ = ① 겉뜨기   ■ = 1무늬   시접

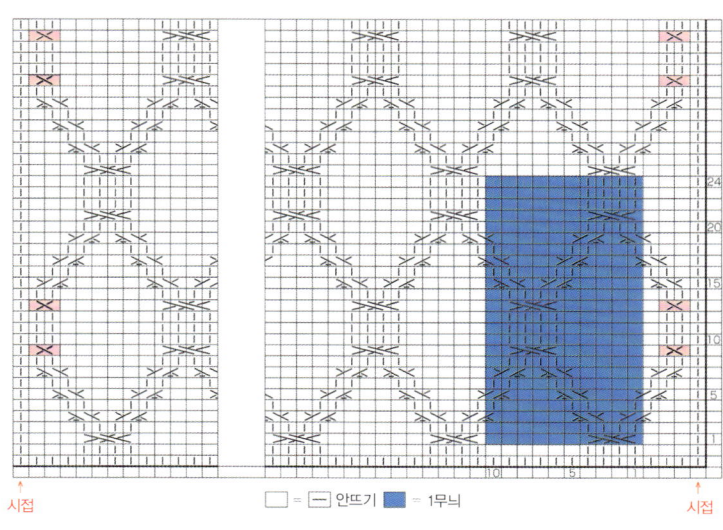

시접   □ = □ 안뜨기   ■ = 1무늬   시접

대바늘 손뜨개 무엇이든 Q&A | 무늬뜨기 기호도를 보는 방법

25

게이지를 내는 게 귀찮은데, 바로 뜨기 시작해도 되나요?

실을 구매하고서 바로 작품을 뜨고 싶은 마음은 이해합니다. 그러나 작품을 치수에 맞춰서 뜨고 싶다면 게이지를 내는 일은 무시할 수 없는 아주 중요한 과정입니다. '게이지'란 표준 치수, 특히 손 뜨개에서는 뜨개코의 크기를 말합니다. 뜨개코의 크기는 뜨는 사람에 따라 다릅니다. 만약 뜨개코의 크기를 조절하고 싶다면 손놀림으로 조절하기보다는 바늘의 굵기를 바꾸는 것이 좋습니다.

게이지: 가로세로 10㎝ 메리야스뜨기 18코×24단
이 표시의 뜻은 지정한 실과 바늘을 이용해서 메리야스뜨기로 견본을 떴을 때 가로세로 10㎝ 범위 내에 가로로 18코, 세로로 24단이 들어간다는 말입니다.

게이지를 내려면 먼저 지정한 도구로 가로세로 15~20㎝ 정도를 뜹니다. 중앙 부분에서 10㎝ 안에 몇 코, 몇 단이 들어가는지 셉니다. 만약 17코×22단이 들어 있다면, 뜨개코를 조금 느슨하게 떴다는 뜻이므로 바늘을 1호 가는 것으로 바꾸어 다시 뜹니다. 만약 19코×25단이 들어 있다면, 조금 빡빡하게 떴다는 뜻이므로 1호 굵은 바늘로 바꾸어 책에 나온 게이지와 비슷해지도록 합니다. 다른 실을 사용할 때도 마찬가지입니다. 견본은 단순히 게이지를 내기 위해서만 뜨는 것이 아니라, 손을 풀면서 무늬뜨기를 연습하는 과정이기도 합니다. 귀찮아도 생략하지 않는 습관을 들입니다.

◆견본 뜨기

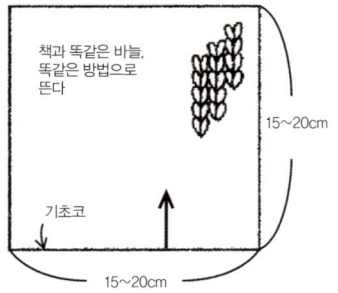

책과 똑같은 바늘, 똑같은 방법으로 뜬다

15~20cm

기초코

15~20cm

◆게이지 계산하기

안면이 보이도록 놓고, 견본이 짓눌리지 않도록 다리미를 살짝 띄워 가볍게 증기를 쐬어줍니다. 뜨개바탕이 안정된 중앙 부분에 게이지 측정자를 올려놓고 뜨개코가 수평, 수직이 되도록 정리하고서 자 안쪽에 몇 코, 몇 단이 들어가는지 셉니다.

●코와 단을 세는 방법●

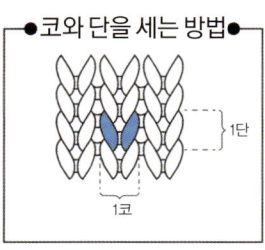

1단

1코

◆게이지 맞추기

바늘의 호수를 1~2호 가는 것으로 바꾼다

느슨하게 뜨는 사람

콧수·단수가 적을 때

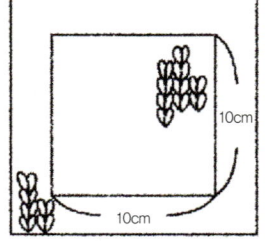

10cm

10cm

빡빡하게 뜨는 사람

콧수·단수가 많을 때

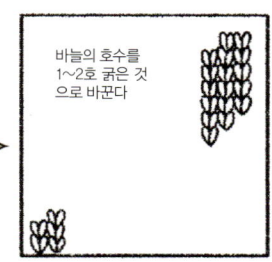

바늘의 호수를 1~2호 굵은 것으로 바꾼다

복잡한 무늬나 아란무늬는 어떻게 계산하나요?

A 끌어올려뜨기, 걸러뜨기 등으로 뜬 복잡한 무늬는 1무늬가 몇 cm인가를 계산해서 가로세로 10cm의 게이지로 환산합니다. 아란무늬처럼 세로로 연속된 무늬는 먼저 무늬의 너비를 재고, 이어서 세로 방향으로 10cm 안에 몇 단이 들어가는지를 세면 됩니다.

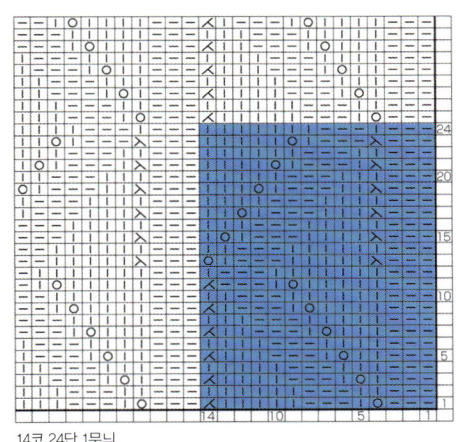

◆무늬가 복잡해서 세기 어려울 때

1무늬의 콧수와 단수를 기호도에서 확인합니다. 이어서 견본에 1무늬(무늬가 작을 때는 2무늬)를 실로 표시한 후에 밀리미터 단위까지 길이를 잽니다.

1무늬 크기를 10cm 게이지로 환산하는 방법
1무늬의 콧수÷1무늬의 가로 치수×10=10cm의 콧수
1무늬의 단수÷1무늬의 세로 치수×10=10cm의 단수

예(아래의 무늬) 가로 6.6cm 세로 8.1cm
14코÷6.6cm×10=21.2→반올림한다→21코
24단÷8.1cm×10=29.6→반올림한다→30단
이 무늬의 게이지는
가로세로 10cm에 21코×30단

14코 24단 1무늬

◆세로로 연속된 무늬일 때

여러 가지 무늬를 조합해서 뜬 무늬뜨기는 게이지가 각각 달라서 1무늬씩 너비를 재야 합니다.

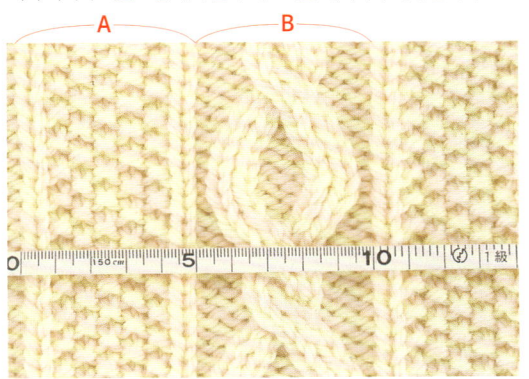

무늬뜨기
A무늬 7코가 5cm
B무늬 10코가 5cm
세로 10cm가 24단

사이즈가 딱 맞는 스웨터를 뜨고 싶어요.

A 설명 부분에는 다음과 같은 표시가 나옵니다.
●**완성 치수** 가슴둘레 104cm, 뒤쪽 어깨너비 42cm, 옷길이 63.5cm, 소매길이 58.5cm

우선 각 치수가 어느 곳을 잰 것인지 그림을 보면서 확인해보세요. 치수가 적당한지 알아보려면 그 사람이 평소에 입는 스웨터의 치수를 재는 편이 가장 좋습니다. 만약 얇은 스웨터나 니트로 치수를 쟀다면 약간의 여유분을 계산에 넣습니다.

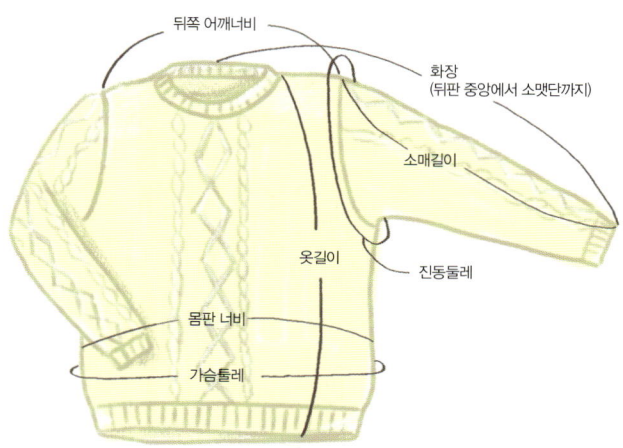

뒤쪽 어깨너비
화장
(뒤판 중앙에서 소맷단까지)
소매길이
옷길이
진동둘레
몸판 너비
가슴둘레

◆**바늘의 굵기 바꾸기**

사이즈를 바꾸어 뜨는 가장 간단한 방법입니다. 즉 게이지를 바꾸는 방법으로, 굵은 바늘로 뜨면 게이지가 커지고 가는 바늘로 뜨면 게이지가 작아집니다. 다만 뜨개바탕의 느낌을 손상시키지 않으려면 1~2호 범위 내에서만 호수를 바꾸는 것이 좋습니다. 바늘의 호수를 바꾸면 한 호수당 실의 양이 10~20% 정도 늘거나 줄어듭니다.

바늘의 굵기를 바꾸면

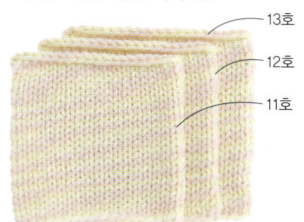

13호
12호
11호

◆**실의 굵기 바꾸기**

전체적으로 크게(작게) 뜨고 싶을 때는 실의 굵기를 바꿉니다. 뜨고 싶은 작품에서 사용한 실보다 굵은 실을 사용하면 작품이 커지고, 가는 실을 사용하면 작품이 작아집니다. 바늘의 굵기는 실의 라벨 정보에 나와 있는 표준 바늘을 참고로 합니다. 만약 실타래의 무게가 똑같다면 실이 긴 쪽이 가늡니다.

실의 굵기를 바꾸면

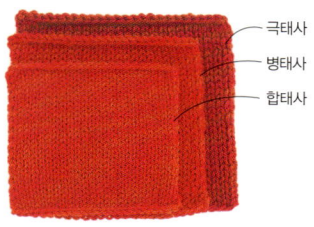

극태사
병태사
합태사

길이를 바꾸는 방법은 간단한가요?

A 몸판을 길게(짧게) 하고 싶을 때는 옆선 길이를 조정합니다. 만약 옆선에서 코를 늘리거나 줄일 필요가 없다면 단수만 바꾸면 됩니다. 소매길이는 소매 아래선에서 코를 늘리거나 줄여야 하므로 조금 주의해야 합니다. 조정할 수 있는 길이는 전체의 비례가 무너지지 않아야 하므로 3~4㎝가 적당합니다.

◆소매 아래선의 길이 조정하기

소매를 더 길게 하고 싶을 때는 소매 아래선에서 코를 늘리기 전에 원하는 길이만큼 뜨고서 기호도를 따라 뜨면 됩니다.

짧게 바꾸고 싶을 때도 역시 코를 늘리기 전에 원하는 길이만큼 생략하면 됩니다. 평균 계산의 1회분에서 조정하고, 만약 1회분에서 다 조정할 수 없을 때는 몇 회로 나누어 평균 계산의 단수에서 2단씩(4단일 때는 2회, 6단일 때는 3회) 줄입니다.

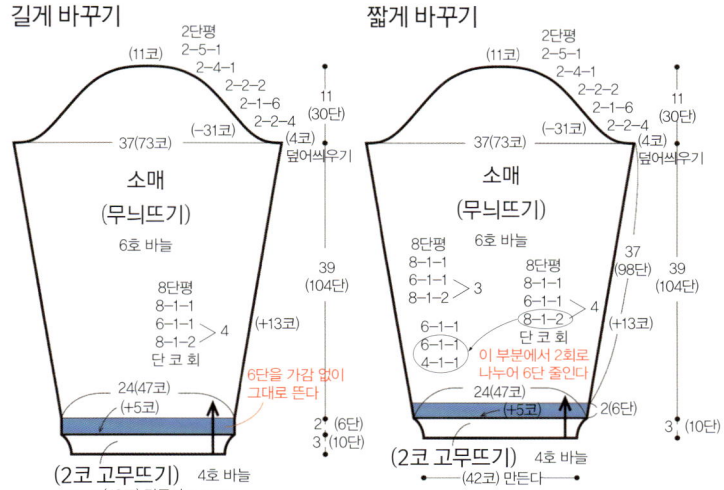

길게 바꾸기 / 짧게 바꾸기

◆무늬뜨기의 길이 조정하기

무늬뜨기로 뜨는 작품은 대개 목둘레나 어깨에서 깔끔하게 무늬가 끝나도록 계산되어 있습니다. 그런데 이를 감안하지 않고 단수를 증감해서 길이를 조정하면 마무리가 지저분해집니다. 따라서 무늬뜨기로 뜨는 작품은 도안을 먼저 확인하고, 작은 무늬라면 1무늬 단위로 길이를 증감합니다. 만약 큰 무늬라면 눈에 잘 띄지 않는 밑단 쪽에서 무늬의 반만큼 조정하거나 나누기 좋은 단수에서 길이를 증감합니다.

무늬뜨기

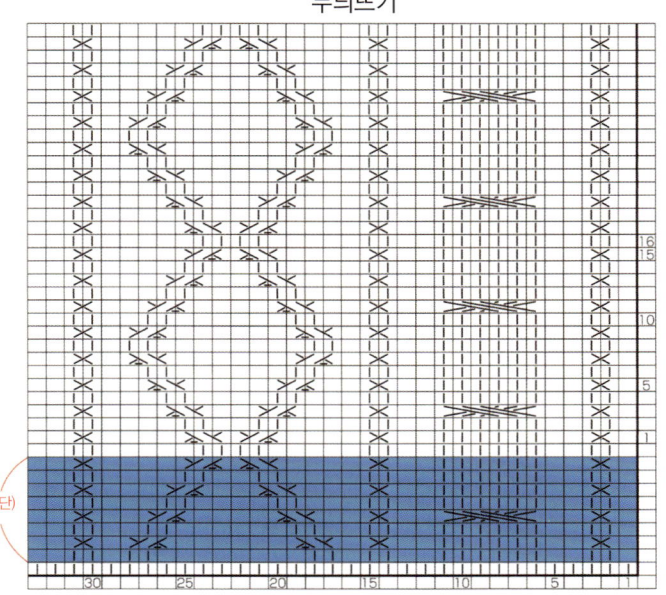

밑단 쪽에서 반무늬(8단) 증감한다

☐ = ─ 안뜨기

딱 맞는 옷이 싫어서 품을 넓히고 싶어요.

A **가슴둘레를 늘리는 방법** 가슴둘레를 늘리려면 앞뒤 몸판의 양쪽 가장자리에서 조정해야 합니다. 한 곳에서 1.5㎝를 늘리면 가슴둘레는 모두 6㎝가 늘어납니다. 한 곳에서 늘릴 수 있는 최대치는 2㎝이고, 진동둘레의 첫 번째 덮어씌우기에 늘린 콧수를 더해줍니다. 진동둘레가 커진 만큼 소매도 그에 맞춰 넓게 떠야 합니다.

가슴둘레와 뒤쪽 어깨너비를 넓히는 방법 좌우의 어깨를 늘리면 가슴둘레와 뒤쪽 어깨너비는 넓어지지만, 진동둘레와 소매는 변하지 않습니다. 간편한 방법이지만 몸판만 바뀌기 때문에 소매와의 비례는 깨집니다.

◆가슴둘레를 늘리는 방법

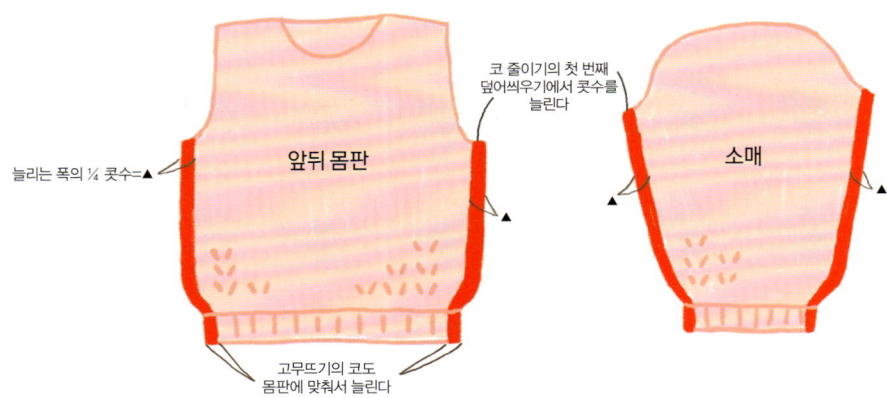

코 줄이기의 첫 번째 덮어씌우기에서 콧수를 늘린다

늘리는 폭의 ¼ 콧수=▲

앞뒤 몸판

소매

고무뜨기의 코도 몸판에 맞춰서 늘린다

◆가슴둘레와 뒤쪽 어깨너비를 넓히는 방법

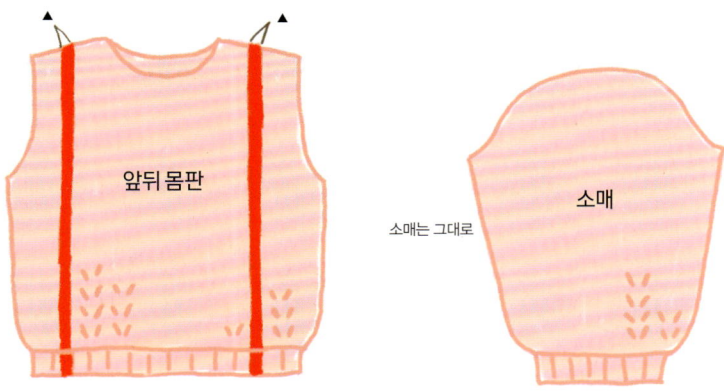

앞뒤 몸판

소매는 그대로

소매

마른 체형이라 스웨터 품을 좀 줄이고 싶어요.

A **가슴둘레를 줄이는 방법** 뒤쪽 어깨너비는 그대로 두고 가슴둘레만 조정하려면 앞뒤 몸판의 양쪽 가장자리를 줄여야 합니다. 한 곳에서 2㎝까지 줄일 수 있고, 그만큼 진동둘레에서도 콧수가 줄어들게 됩니다. 소매도 영향을 받아서 같은 치수를 소매너비의 첫 번째 덮어씌우기와 맨 마지막 단 가운데 덮어씌우기에 나누어서 줄여야 합니다.

가슴둘레와 뒤쪽 어깨너비를 줄이는 방법 '가슴둘레와 뒤쪽 어깨너비를 넓히는 방법'(30쪽)과 마찬가지로 좌우의 어깨 부분만 줄이면 됩니다. 그러나 소매와의 비례가 깨지므로 한 곳에서 1.5㎝ 이상 줄이면 안 됩니다. 가슴둘레와 뒤쪽 어깨너비는 줄어들지만, 진동둘레와 목둘레는 달라지지 않습니다.

◆**가슴둘레를 줄이는 방법**

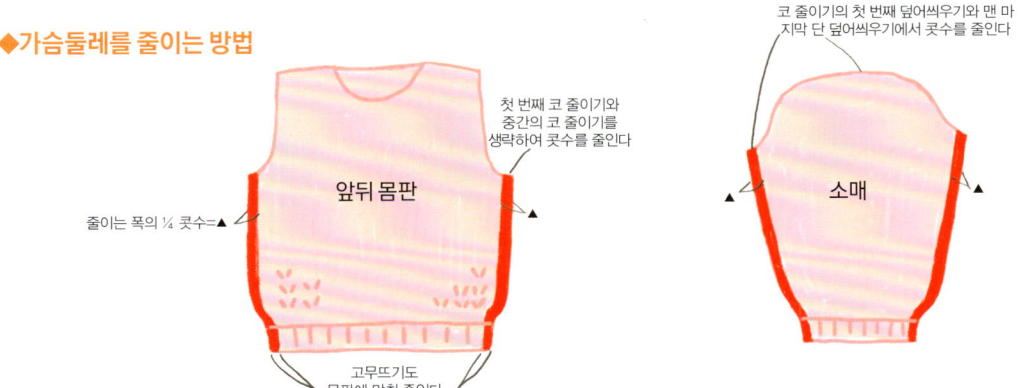

줄이는 폭의 ¼ 콧수=▲

앞뒤 몸판

첫 번째 코 줄이기와 중간의 코 줄이기를 생략하여 콧수를 줄인다

고무뜨기도 몸판에 맞춰 줄인다

코 줄이기의 첫 번째 덮어씌우기와 맨 마지막 단 덮어씌우기에서 콧수를 줄인다

소매

◆**무늬에 변화 주기**

무늬뜨기가 일부 들어가는 경우에는 무늬의 분위기를 해치지 않는 범위 내에서 무늬의 너비를 조절할 수도 있습니다. 즉, 무늬와 무늬 사이의 콧수를 증감하거나 1무늬의 크기를 바꾸면 됩니다.

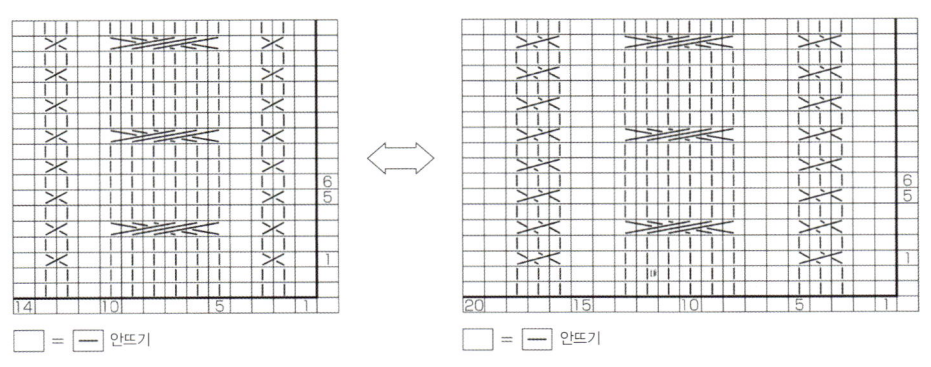

☐ = ▬ 안뜨기   ☐ = ▬ 안뜨기

기초코를 만드는 가장 쉬운 방법은 무엇인가요?

A 손뜨개를 하려면 기초코를 만들어야 합니다. 대바늘 손뜨개의 기본이면서 가장 일반적인 방법은 '손가락으로 만드는 기초코'입니다. 신축성이 적당해서 가터뜨기, 메리야스뜨기, 고무뜨기 등 어떤 뜨개바탕에도 사용할 수 있으나 나중에 풀 수는 없습니다. 기초코도 1단으로 계산하므로 무늬 뜨기 기호도를 볼 때는 기초코를 만들고서 2단부터 보아야 합니다.

◆손가락으로 만드는 기초코

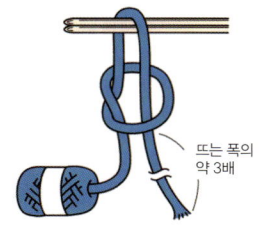

1 두 가닥의 실을 고리로 넣고, 짧은 실을 당겨 조입니다.

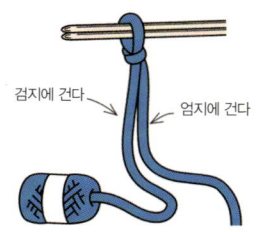

2 첫코를 완성했습니다.

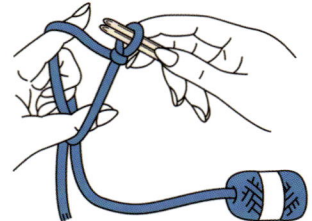

3 짧은 실을 엄지에, 실타래 쪽 실을 검지에 걸고, 남은 손가락으로 실 뿌리 쪽을 당깁니다.

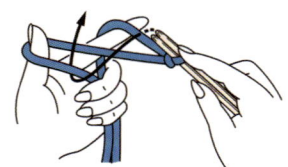

4 엄지 쪽 실을 바늘에 겁니다.

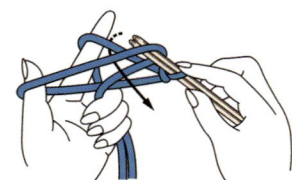

5 검지 쪽 실을 걸면서 엄지에 건 실 사이로 통과시킵니다.

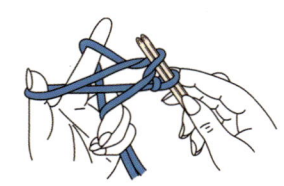

6 엄지에 건 실을 벗겨냅니다.

7 화살표같이 엄지를 넣고서 코를 느슨하게 조입니다.

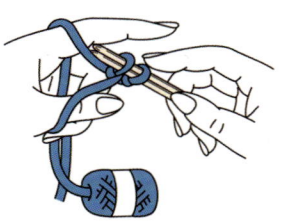

8 2번째 코를 완성했습니다. 4~7을 반복하며 필요한 콧수만큼 만듭니다.

9 기초코를 완성했습니다. 이것이 1단이고, 겉에서 본 단입니다.

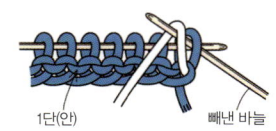

10 2단은 바늘을 하나 빼서 뜨기 시작합니다.

나중에 풀 수 있는 기초코가 있다고 들었어요.

 A 이 방법은 별도의 실로 뜬 사슬에서 코를 주워 뜨기 때문에 '별도사슬로 만드는 기초코'라고 부릅니다. 스웨터의 밑단이나 소맷단처럼 뜨개바탕을 먼저 떠놓고 그 반대 방향으로 떠야 할 때 사용하는 기초코입니다. 별도사슬에서 코를 주울 때 실을 갈라서 주우면 나중에 풀어낼 수 없게 되므로 주의합니다. 별도사슬은 대바늘과 같은 굵기나 1~2호 굵은 코바늘로 느슨하게 뜹니다.

◆ **별도사슬로 만드는 기초코**

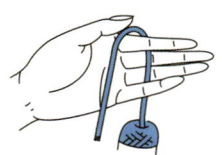

1 별도의 실(이하 별실)을 그림같이 걸고, 중지와 엄지로 누릅니다.

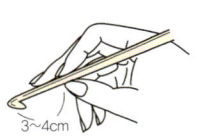

2 코바늘은 연필을 쥐듯이 가볍게 잡습니다.

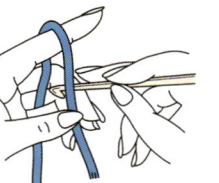

3 코바늘을 별실 뒤쪽에 갖다 댑니다.

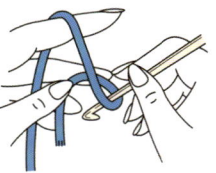

4 6자를 그리듯이 코바늘을 돌립니다.

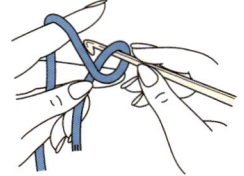

5 고리의 뿌리를 엄지로 누르고, 코바늘에 실을 겁니다.

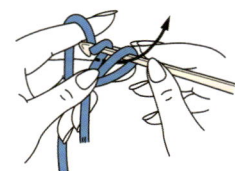

6 고리 안으로 실을 빼냅니다.

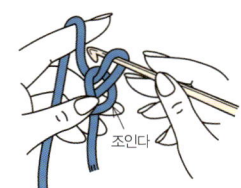

7 코를 완성했습니다. 이 코는 기초코의 콧수에 포함되지 않습니다.

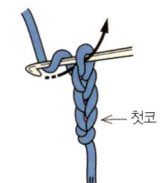

← 첫코

8 마찬가지로 실을 걸어 빼냅니다. 3코를 뜬 모습입니다.

겉

안

사슬의 코산

9 마지막에는 고리 안으로 실 끝을 완전히 빼냅니다. 필요한 콧수보다 넉넉히 떠둡니다.

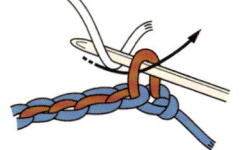

10 사슬 끝 쪽의 코산에 바늘을 넣고, 작품을 뜰 실을 걸어 빼냅니다.

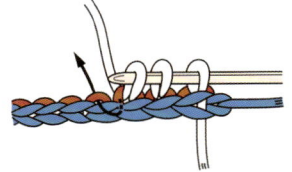

11 필요한 콧수를 줍습니다. 코가 지나치게 느슨해지지 않도록 주의합니다.

◆ **공사슬로 만드는 기초코**

작품을 뜨는 실로 사슬을 뜨기 때문에 '공(共)사슬'이라고 부릅니다. 덮어씌우기를 한 뜨개코와 모양이 같고, 나중에 풀지 않고 그대로 뜨개바탕의 끝단으로 씁니다. 사용하는 대바늘보다 1호 굵은 코바늘로 뜨면 뜨개바탕이 말려 올라가지 않습니다.

1 작품을 뜨는 실로 필요한 콧수만큼 사슬을 뜹니다. 마지막 코를 대바늘로 옮기고, 이 코를 1코로 셉니다.

2번째 코부터 줍는다

코산

2 사슬의 2번째 코산에 바늘을 넣고 실을 걸어 빼냅니다. 같은 요령으로 1코씩 뜹니다.

대바늘 손뜨개 무엇이든 Q&A | 기초코

스웨터를 뜰 때 밑단 고무뜨기의 기초코가 궁금해요.

A 스웨터의 밑단과 소맷단은 주로 고무뜨기로 뜹니다. 1코 고무뜨기든 2코 고무뜨기든 맞대어 꿰맬 때 깔끔하게 이어지도록 기초코의 수를 계산합니다. 앞뒤 밑단이든 소맷단이든 1코 고무뜨기로 뜰 때는 기초코가 짝수여야 하고, 2코 고무뜨기로 뜰 때는 4의 배수+2코여야 합니다. 여기에 소개하는 별도사슬로 만드는 기초코는 고무뜨기의 기초코로서는 비교적 쉬운 방법입니다.

1코 고무뜨기의 기초코

밑단·소맷단
(짝수)

2코 고무뜨기의 기초코

밑단·소맷단
(4의 배수+2코)

1코 고무뜨기에서 별도사슬의 콧수를 정하는 방법
오른쪽 끝이 겉뜨기 2코·왼쪽 끝이 겉뜨기 1코=(필요 콧수+2)÷2
양쪽 끝이 겉뜨기 1코=(필요 콧수+1)÷2
오른쪽 끝이 겉뜨기 1코·왼쪽 끝이 겉뜨기 2코=(필요 콧수+2)÷2
양쪽 끝이 겉뜨기 2코=(필요 콧수+3)÷2

◆별도사슬로 만드는 1코 고무뜨기의 기초코

오른쪽 끝이 겉뜨기 2코·왼쪽 끝이 겉뜨기 1코일 때

1 별실로 사슬을 뜨고, 이어서 고무뜨기 바늘보다 2호 굵은 대바늘로 메리야스뜨기를 3단 뜹니다.

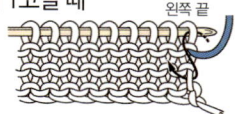

2 뜨개바탕을 뒤집고, 고무뜨기 바늘로 바꾸어서 가장자리 반코의 싱커 루프와 함께 안뜨기를 뜹니다.

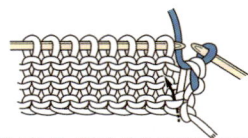

3 왼쪽 바늘로 1단의 싱커 루프를 화살표같이 줍습니다.

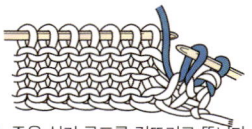

4 주운 싱커 루프를 겉뜨기로 뜹니다.

5 왼쪽 바늘의 코를 안뜨기로 뜹니다.

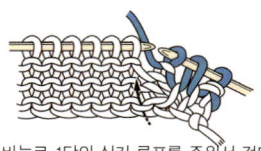

6 왼쪽 바늘로 1단의 싱커 루프를 주워서 겉뜨기로 뜨고, 이후에는 **5·6**을 반복합니다.

7 마지막 코와 1단의 싱커 루프를 오른쪽 바늘로 줍습니다.

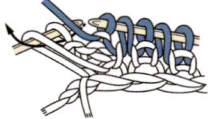

8 오른쪽 바늘로 주운 2코를 왼쪽 바늘로 옮겨서 한 번에 안뜨기로 뜹니다.

9 고무뜨기의 기초코를 완성했습니다. 이는 고무뜨기를 2단 뜬 것과 같습니다. 별도사슬은 나중에 풀 수 있습니다.

왼쪽 끝이 겉뜨기 2코일 때

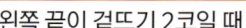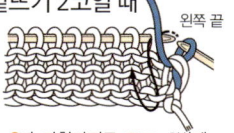

1 위 그림의 **1~3**과 마찬가지로 뜨고, 2번째 코는 왼쪽 바늘의 코와 1단의 싱커 루프를 같이 줍습니다.

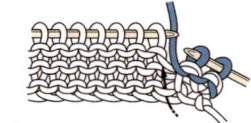

2 주운 2코를 안뜨기로 뜹니다.

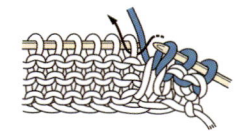

3 이후에는 위 그림의 **5·6**을 반복해서 뜹니다.

오른쪽 끝이 겉뜨기 1코일 때

1 마지막 싱커 루프를 겉뜨기로 뜹니다.

2 가장자리 1코를 안뜨기로 뜹니다.

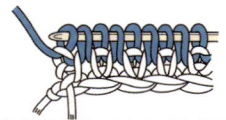

3 완성입니다. 별도사슬은 나중에 풀 수 있습니다.

카디건을 뜰 때 밑단 고무뜨기의 기초코가 궁금해요.

A 카디건은 앞판이 좌우대칭이어야 하기 때문에 뒤판 역시 대칭으로 뜹니다. 1코 고무뜨기로 뜨면 앞판이 짝수일 때도 있고 홀수일 때도 있어서 뒤판의 기초코에 주의해야 합니다. 2코 고무뜨기로 뜨면 앞판의 밑단을 겉뜨기 3코로 잡아야 하고, 이외에는 스웨터와 동일합니다.

1코 고무뜨기의 기초코

왼쪽 앞판 밑단 (홀수)(짝수)	뒤판 밑단 (홀수)	오른쪽 앞판 밑단 (홀수)(짝수)	소맷단 (짝수)

2코 고무뜨기의 기초코

왼쪽 앞판 밑단 (4의 배수+3코)	뒤판 밑단·소맷단 (4의 배수+2코)	오른쪽 앞판 밑단 (4의 배수+3코)

2코 고무뜨기에서 별도사슬의 콧수를 정하는 방법
양 끝이 겉뜨기 2코=(필요 콧수+2)÷2
왼쪽 끝이 겉뜨기 3코·오른쪽 끝이 겉뜨기 2코=(필요 콧수+1)÷2
왼쪽 끝이 겉뜨기 2코·오른쪽 끝이 겉뜨기 3코=(필요 콧수+3)÷2

◆별도사슬로 만드는 2코 고무뜨기의 기초코

양 끝이 겉뜨기 2코일 때

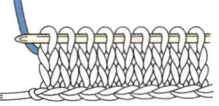

1 별실로 사슬을 뜨고서 고무뜨기 바늘보다 2호 굵은 대바늘로 메리야스뜨기를 3단 뜹니다.

2 뜨개바탕을 뒤집고, 고무뜨기 바늘로 바꾸어 가장자리 반코의 싱커 루프와 함께 안뜨기를 합니다.

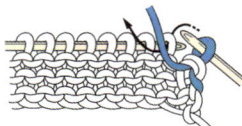

3 다음 코를 안뜨기로 뜹니다.

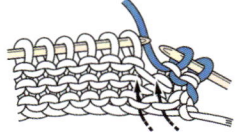

4 1단의 싱커 루프를 주워 2코를 겉뜨기로 뜹니다.

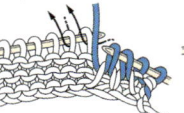

5 다음 2코를 안뜨기로 뜹니다.

6 1단의 싱커 루프를 주워서 겉뜨기를 2코 뜹니다.

7 끝에서는 마지막 코와 1단의 싱커 루프를 오른쪽 바늘로 한 번에 줍습니다.

8 오른쪽 바늘로 주운 2코를 왼쪽 바늘로 옮겨서 한 번에 안뜨기로 뜹니다.

9 2코 고무뜨기를 완성했습니다. 이는 고무뜨기를 2단 뜬 것과 같습니다.

왼쪽 끝이 겉뜨기 3코일 때

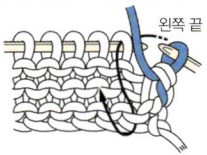

1 위 그림의 1~3과 마찬가지로, 2번째 코는 1단의 싱커 루프와 함께 주워서 안뜨기로 뜹니다.

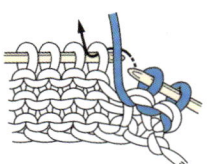

2 3번째 코도 안뜨기로 뜹니다.

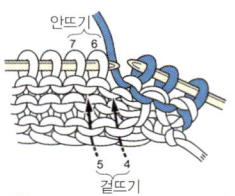

3 4·5는 겉뜨기로 뜨고, 6·7은 안뜨기로 뜹니다.

오른쪽 끝이 겉뜨기 3코일 때

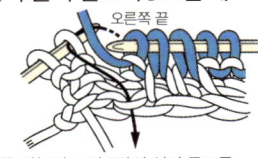

1 왼쪽 바늘의 코와 1단의 싱커 루프를 함께 주워서 안뜨기로 뜹니다.

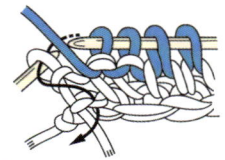

2 마지막 코도 1단의 싱커 루프와 함께 줍습니다.

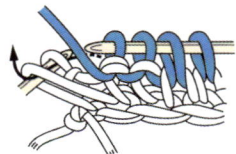

3 왼쪽 바늘에 2코를 옮겨서 안뜨기로 뜹니다.

Q 손가락으로 만드는 고무뜨기의 기초코를 알려주세요.

A 별도사슬을 사용하는 방법보다 신축성도 좋고, 손뜨개에 익숙해지면 꼭 알아두어야 할 기법입니다. 작품을 뜨는 실로 직접 대바늘에 코를 만들어야 하므로 실 끝의 여유분은 뜨개바탕 너비의 약 3배가 좋습니다. 끝 쪽 실은 엄지에, 실타래 쪽 실은 검지에 겁니다. 이 기초코는 둘째 단을 주머니 뜨기로 뜨기 때문에 실제로 뜨는 것은 4단이지만 3단으로 셉니다. 2코 고무뜨기는 1코 고무뜨기의 코를 바꿔 넣기만 하면 됩니다.

◆ 손가락으로 만드는 1코 고무뜨기의 기초코

오른쪽 끝이 겉뜨기 2코, 왼쪽 끝이 겉뜨기 1코일 때 ⊢⊢－ ～ ⊢⊣ㅣ 바늘에 걸리는 콧수는 짝수입니다.

 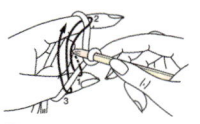   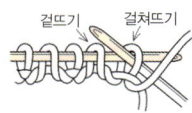

1 바늘을 실의 뒤에 놓고, 한 바퀴 돌려서 안뜨기코를 만듭니다.

2 1, 2, 3 순서로 움직여서 겉뜨기코를 만듭니다.

3 3번째 코는 안뜨기이므로 뒤에서 실을 겁니다. **2·3**을 반복하고, 마지막은 겉뜨기코.

4 1단 왼쪽 끝의 모습입니다.

5 주머니뜨기를 할 때는 겉뜨기만 뜹니다. 우선 가장자리 코는 뜨지 않고 오른쪽 바늘로 옮기고(걸쳐뜨기), 다음 코를 겉뜨기로 뜹니다.

   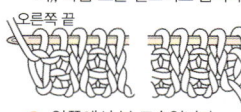

6 걸쳐뜨기, 겉뜨기를 반복해서 끝까지 뜹니다.

7 돌아오는 단에서는 이전 단에서 뜨지 않았던 코를 겉뜨기로 뜨고, 뜬 코를 걸쳐뜨기로 뜹니다.

8 3단부터 고무뜨기로 뜹니다. 단 끝까지 안뜨기와 겉뜨기를 반복합니다.

9 안쪽에서 본 모습입니다.

◆ 손가락으로 만드는 2코 고무뜨기의 기초코

양 끝이 겉뜨기 2코일 때 ⊣⊣－⊢⊢ ～ ⊢⊢－⊣ㅣ

전체 콧수는 짝수입니다. 1단과 2단은 위의 '1코 고무뜨기의 기초코'(오른쪽 끝이 겉뜨기 2코, 왼쪽 끝이 겉뜨기 1코일 때)와 같습니다.

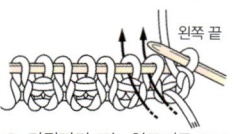 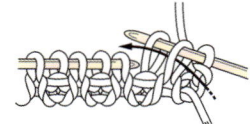

1 가장자리 코는 안뜨기로 뜨고, 다음 2코를 오른쪽부터 순서대로 오른쪽 바늘로 옮깁니다.

2 왼쪽 바늘을 화살표같이 넣어 2코를 되돌립니다.

3 바꾼 코를 각각 안뜨기, 겉뜨기로 뜹니다. 다음 코는 안뜨기로 뜹니다. 이어서 **1～3**을 반복합니다.

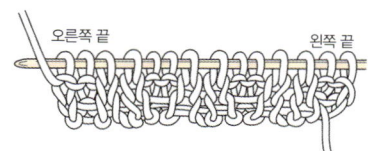

4 왼쪽 가장자리 코를 안뜨기로 뜨면 3단이 완성됩니다.

오른쪽 끝이 겉뜨기 2코, 왼쪽 끝이 겉뜨기 3코일 때 ⊣⊢－－⊢⊢ ～ ⊢⊢－－⊣ㅣ

전체 콧수는 홀수입니다. 1단은 위의 '1코 고무뜨기의 기초코'(오른쪽 끝이 겉뜨기 2코, 왼쪽 끝이 겉뜨기 1코일 때)와 같고, 마지막에는 안뜨기로 끝냅니다.

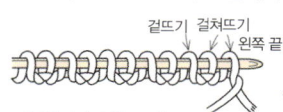 

1 2단입니다. 처음 2코는 걸쳐뜨기로 뜹니다.

2 걸쳐뜨기, 겉뜨기를 반복하고서 마지막 2코는 걸쳐뜨기로 합니다.

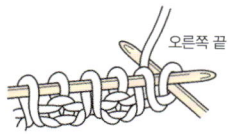 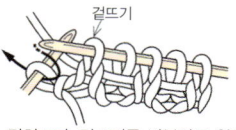

3 돌아오는 단입니다. 오른쪽 가장자리 2코는 겉뜨기로 뜹니다.

4 걸쳐뜨기, 겉뜨기를 반복하고 왼쪽 가장자리 코를 겉뜨기로 뜹니다.

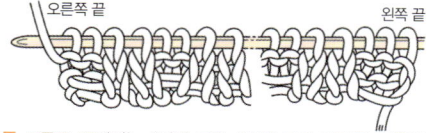

5 오른쪽 끝에서는 3번째 코와 4번째 코의 자리를 바꾸어 안뜨기 3코가 연속됩니다. 자리 바꾸기를 하면서 2코 고무뜨기를 뜹니다.

양 끝이 겉뜨기 2코일 때 ㅏㅓ ～ ㅏㅓ

바늘에 걸리는 콧수는 홀수입니다.

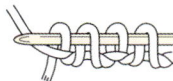

1 36쪽의 **1～3**을 반복하고, 마지막에는 안뜨기로 끝냅니다.

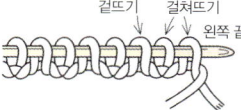

2 2단입니다. 처음에는 2코를 걸쳐뜨기로 뜹니다.

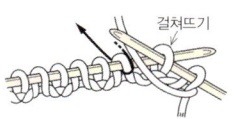

3 이어서 겉뜨기, 걸쳐뜨기를 반복합니다.

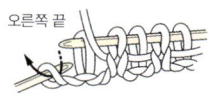

4 마지막 2코는 걸쳐뜨기로 끝냅니다.

5 돌아오는 단입니다. 처음 2코를 겉뜨기로 뜨고, 이후부터는 걸쳐뜨기, 겉뜨기를 반복합니다. 끝코는 겉뜨기로 뜹니다.

6 3단은 안쪽을 보며 뜨는 단이므로 처음 2코를 안뜨기로 뜹니다.

양 끝이 겉뜨기 1코일 때 ㅏㅓㅏ ～ ㅏㅓ

바늘에 걸리는 콧수는 홀수입니다.

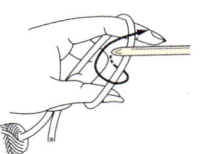

1 바늘을 실의 앞에 두고 한 바퀴 돌려서 겉뜨기를 만듭니다.

2 바늘 끝을 화살표같이 움직여 안뜨기코를 만듭니다.

3 바늘 끝을 화살표같이 움직여서 겉뜨기코를 만듭니다. **2·3**을 반복해 필요한 콧수만큼 만듭니다.

4 끝코는 겉뜨기코입니다. 1단을 뜬 모습입니다.

5 주머니뜨기를 시작하는 단입니다. 첫코는 걸쳐뜨기로 뜨고, 이어서 겉뜨기와 걸쳐뜨기를 반복합니다.

6 마지막 코는 걸쳐뜨기로 끝냅니다.

7 돌아오는 단입니다. 첫코는 겉뜨기로 뜨고, 이어서 걸쳐뜨기와 겉뜨기를 반복합니다.

8 안을 보며 뜨는 단입니다. 안뜨기와 겉뜨기를 반복하고서 마지막 코는 안뜨기로 뜹니다.

오른쪽 끝이 겉뜨기 3코, 왼쪽 끝이 겉뜨기 2코일 때 ㅐㅓ ～ ㅏㅓㅓ

전체 콧수는 홀수입니다.
1단은 '1코 고무뜨기의 기초코'(양 끝이 겉뜨기 1코일 때)와 같습니다.

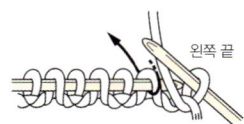

1 주머니뜨기를 시작하는 단입니다. 첫코는 걸쳐뜨기입니다.

2 겉뜨기, 걸쳐뜨기를 반복하고, 가장자리 1코 앞에 있는 코는 걸러뜨기로 뜹니다.

3 돌아오는 단입니다. 오른쪽 끝에서 3코는 겉뜨기로 뜨고, 이후부터는 걸쳐뜨기와 겉뜨기를 반복합니다.

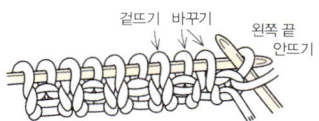

4 가장자리 코는 안뜨기로 뜨고, 다음 2코는 자리를 바꾸어서 안뜨기와 겉뜨기로 뜹니다.

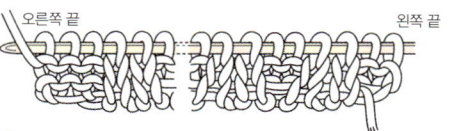

5 '2코는 그대로, 다음 2코는 자리 바꾸기'를 반복하고서 왼쪽 가장자리 3코는 안뜨기로 뜹니다. 3단을 뜬 모습입니다.

코를 줄이며 진동둘레를 잘 뜨고 싶어요.

A 곡선으로 이루어진 진동둘레는 '덮어씌우기와 2코 모아뜨기'로 뜹니다. 2코 이상 줄일 때는 덮어씌우기로 줄입니다. 실 끝이 있는 쪽에서만 덮어씌우기를 할 수 있으므로 뜨개바탕의 좌우는 1단씩 어긋나게 됩니다. 완만한 곡선을 그리려면 2회째의 덮어씌우기는 가장자리 코를 걸러뜨기로 떠야 합니다. 1코를 줄일 때는 겉을 보며 뜨는 단에서 좌우 동시에, 오른쪽에서는 오른코 겹쳐 2코 모아뜨기를, 왼쪽에서는 왼코 겹쳐 2코 모아뜨기를 하면 됩니다. 이유는 안뜨기에서 2코 모아뜨기를 하는 것이 더 어렵기 때문입니다. 진동둘레를 뜨는 순서는 기호도(39쪽)를 참고하세요.

●2코 이상 줄이기(덮어씌우기)

1단 오른쪽 1회째

실이 있는 쪽에서 코를 줄입니다.
메리야스뜨기에서 오른쪽은 겉뜨기로 코를 줄이고, 왼쪽은 안뜨기로 코를 줄입니다.

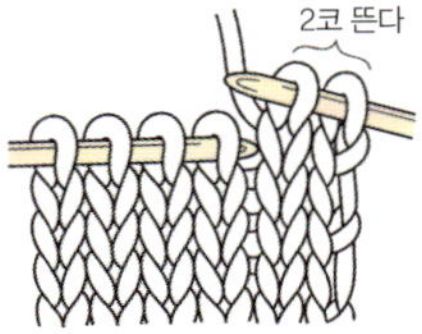

1 처음 2코를 겉뜨기로 뜹니다.

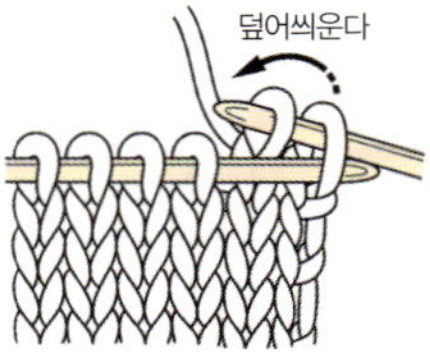

2 왼쪽 바늘을 오른쪽 코에 넣어 왼쪽 코에 덮어씌웁니다.

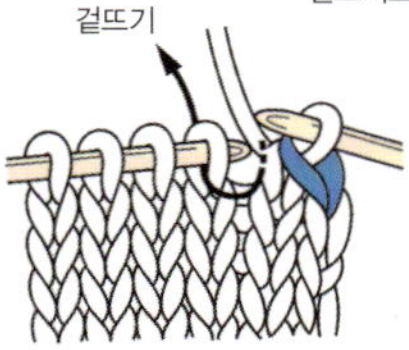

3 덮어씌우기 1코를 했습니다. 다음 코도 겉뜨기로 뜨고 덮어씌웁니다.

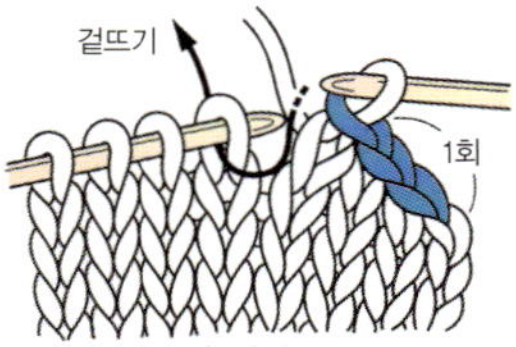

4 오른쪽 3코의 덮어씌우기를 했습니다. 다음 코부터는 끝까지 겉뜨기로 뜹니다.

2단 왼쪽 1회째

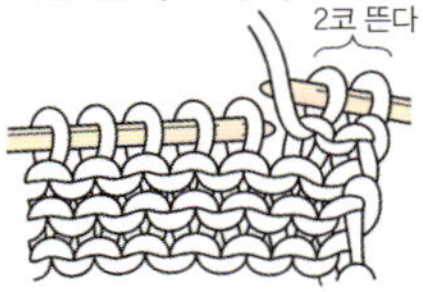

5 처음 2코를 안뜨기로 뜹니다.

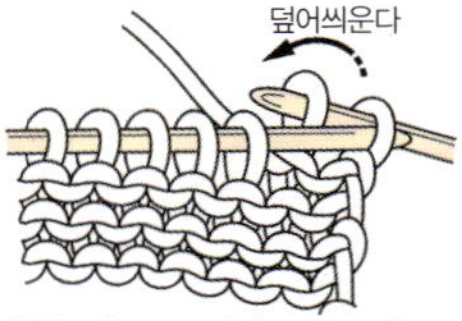

6 왼쪽 바늘로 1번째 코를 2번째 코에 덮어씌웁니다.

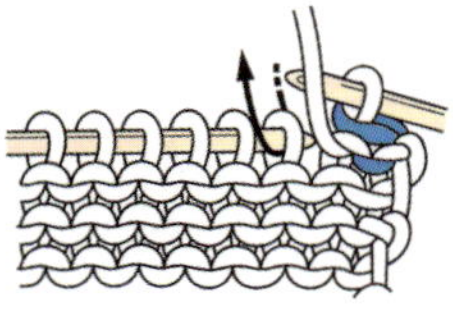

7 덮어씌우기 1코를 완성했습니다. 다음 코도 안뜨기로 뜨고 덮어씌웁니다.

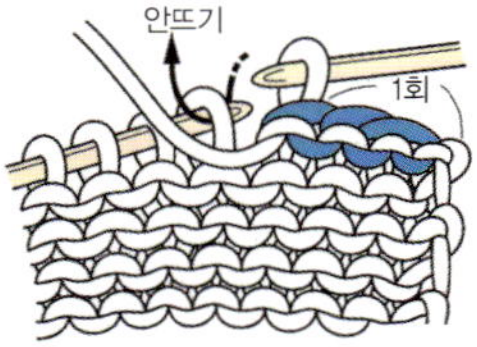

8 왼쪽 3코의 덮어씌우기를 완성했습니다. 다음 코부터는 끝까지 안뜨기로 뜹니다.

3단 오른쪽 2회째

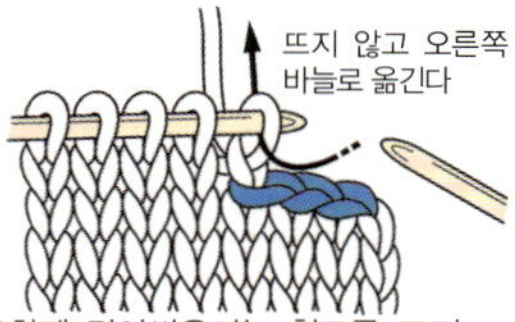

9 2회째 덮어씌우기는 첫코를 뜨지 않고 오른쪽 바늘로 옮깁니다.

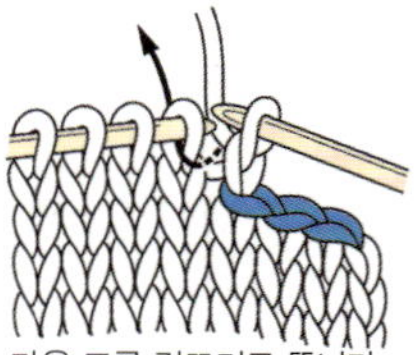

10 다음 코를 겉뜨기로 뜹니다.

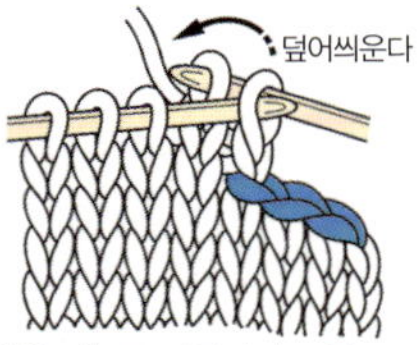

11 왼쪽 바늘로 가장자리 코를 덮어씌웁니다.

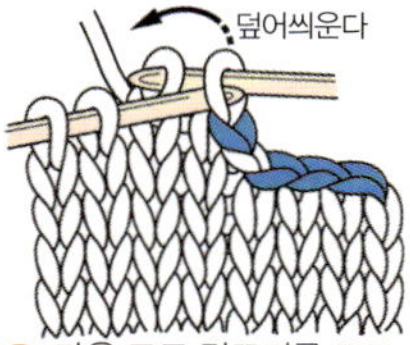

12 다음 코도 겉뜨기를 뜨고 덮어씌웁니다.

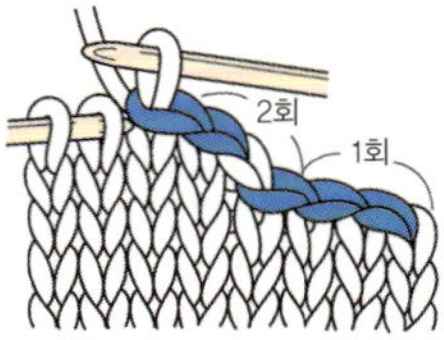

13 오른쪽 2회째 덮어씌우기를 완성했습니다.

4단 왼쪽 2회째

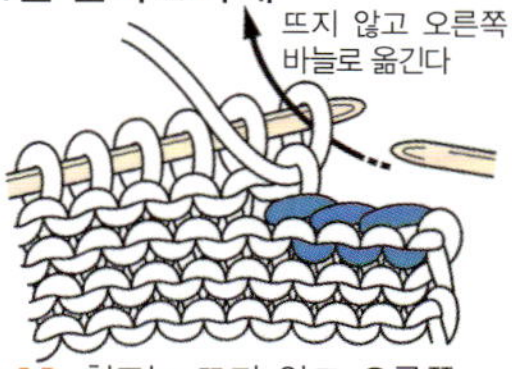

14 첫코는 뜨지 않고 오른쪽 바늘로 옮깁니다.

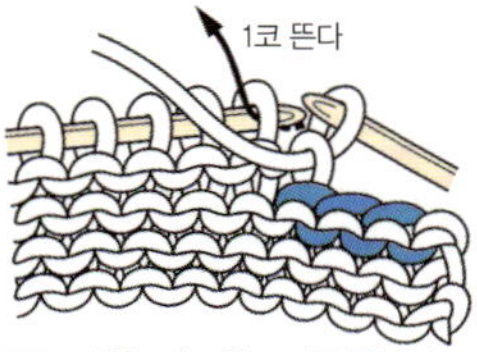

15 다음 코는 안뜨기로 뜹니다.

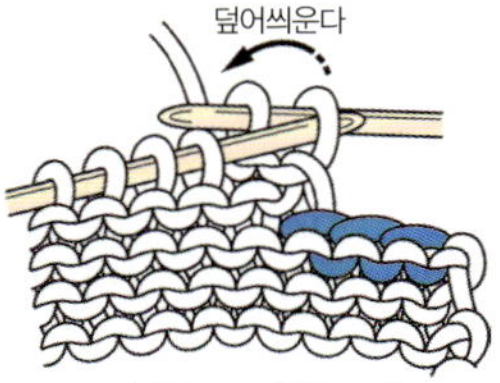

16 오른쪽 코를 왼쪽 코에 덮어씌웁니다.

곡선이 있는 진동둘레

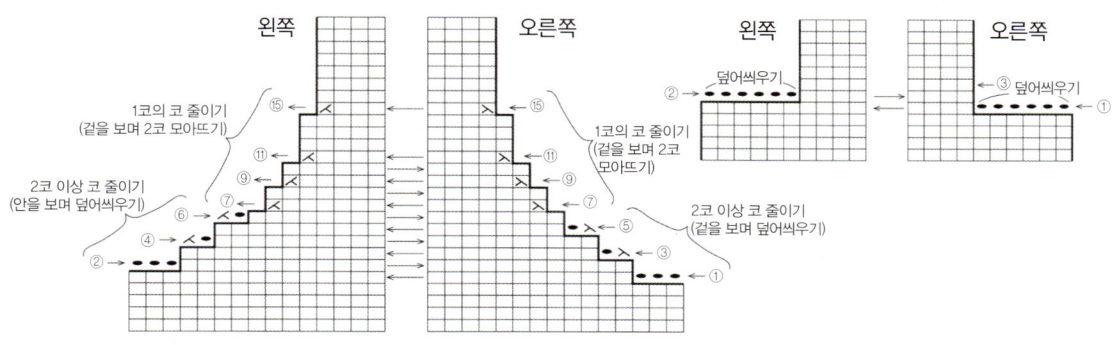

왼쪽 / 오른쪽

1코의 코 줄이기
(겉을 보며 2코 모아뜨기)

2코 이상 코 줄이기
(안을 보며 덮어씌우기)

1코의 코 줄이기
(겉을 보며 2코 모아뜨기)

2코 이상 코 줄이기
(겉을 보며 덮어씌우기)

스퀘어 슬리브의 진동둘레

왼쪽 / 오른쪽

덮어씌우기

③ 덮어씌우기

●1코의 코 줄이기(가장자리 1코 세워서 코 줄이기)

7단 오른쪽

뜨개바탕 가장자리에서 코를 줄이는 방법입니다. 가장자리 코가 나중에 시접으로 쓰이므로 꿰매기 좋게 가장자리 코를 세워서 줄입니다.

17 다음 코도 안뜨기로 뜨고, 오른쪽 코를 덮어씌웁니다.

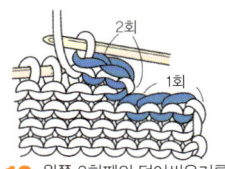

18 왼쪽 2회째의 덮어씌우기를 완성했습니다.

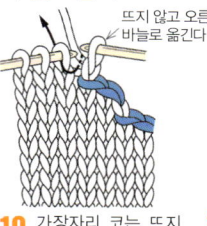

뜨지 않고 오른쪽 바늘로 옮긴다

19 가장자리 코는 뜨지 않고 오른쪽 바늘로 옮기고, 다음 코는 겉뜨기로 뜹니다.

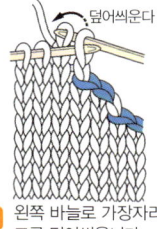

덮어씌운다

20 왼쪽 바늘로 가장자리 코를 덮어씌웁니다.

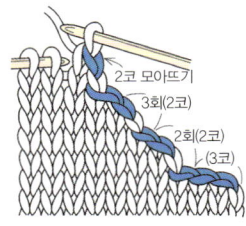

2코 모아뜨기
3회(2코)
2회(2코)
(3코)

21 덮어씌우기 3회와 오른코 겹쳐 2코 모아뜨기를 완성했습니다.

7단 왼쪽

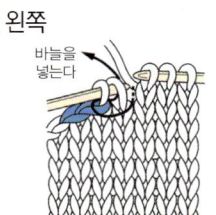

바늘을 넣는다

22 왼쪽 가장자리 2코에 화살표같이 바늘을 넣습니다.

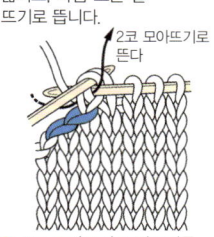

2코 모아뜨기로 뜬다

23 2코 모아뜨기로 겉뜨기를 뜹니다.

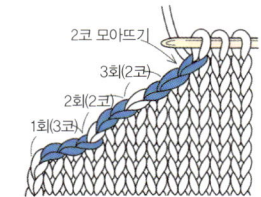

2코 모아뜨기
3회(2코)
2회(2코)
1회(3코)

24 덮어씌우기 3회와 왼코 겹쳐 2코 모아뜨기를 완성했습니다.

◆스퀘어 슬리브를 뜨는 방법

1단

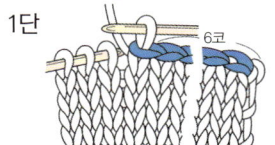

6코

오른쪽 진동둘레만큼을 덮어씌우기로 뜨고, 남은 코는 끝까지 뜨개바탕의 뜨개코대로 뜹니다.

2단

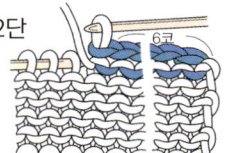

6코

안을 보며 뜨는 단입니다. 왼쪽 진동둘레만큼을 덮어씌우기로 뜹니다.

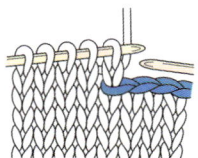

2단의 끝까지 뜨개바탕의 뜨개코대로 뜨고, 다음 단부터는 코를 줄이지 않고 뜹니다.

대바늘 손뜨개 무엇이든 Q&A | 진동둘레에서 코 줄이기

목둘레는 왼쪽과 오른쪽을 따로 떠야 하지요?

A 목둘레는 왼쪽과 오른쪽으로 나누어 뜨는데, 곡선을 만드는 방법은 진동둘레와 똑같습니다. 앞뒤 몸판 모두 실이 있는 오른쪽 절반을 먼저 뜨고, 새 실을 걸어 가운데 코를 덮어씌우거나 쉼코로 잡아놓고서 남은 왼쪽 절반을 뜹니다. 옷의 늘어짐을 방지하고 싶거나 앞트임이 큰 옷, 옷깃이 달린 옷 등은 가운데 코를 덮어씌우기로 막고, 입고 벗는 것을 편하게 하고 싶거나 앞트임이 작은 옷, 터틀넥 스웨터 등은 쉼코로 잡아둡니다.

뒤쪽 목둘레

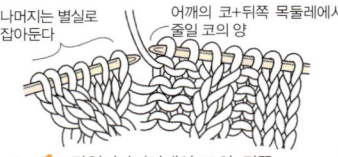

새 실을 건다
새 실로 왼쪽을 뜬다
아래에 이어서 오른쪽을 뜬다

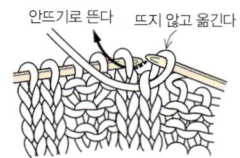

2코 이상 코 줄이기
(겉을 보며 덮어씌우기)
새 실을 건다
왼쪽 1단의 덮어씌우기
왼쪽

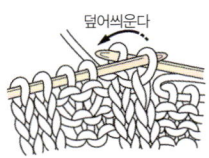

2코 이상 코 줄이기
(안을 보며 덮어씌우기)
오른쪽

◆뒤쪽 목둘레(오른쪽 뜨기)

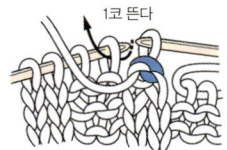

나머지는 별실로 잡아둔다
어깨의 코+뒤쪽 목둘레에서 줄일 코의 양

1 1단입니다. '어깨의 코와 뒤쪽 목둘레에서 줄일 코의 양'만큼 뜨고, 남은 코는 별실에 꿰어 쉬게 합니다.

안뜨기로 뜬다   뜨지 않고 옮긴다

2 2단입니다. 뜨개바탕을 뒤집고, 가장자리 코는 뜨지 않고 오른쪽 바늘로 옮깁니다. 다음 코는 안뜨기로 뜹니다.

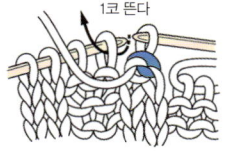

덮어씌운다

3 오른쪽 바늘로 옮긴 코를 덮어씌웁니다.

1코 뜬다

4 덮어씌우기 1코를 완성했습니다. 다음 코도 안뜨기로 뜹니다.

3코

5 1회째의 덮어씌우기를 완성했습니다. 다음 코부터는 뜨던 대로 진행합니다.

3코   3코

6 4단입니다. 2회째의 덮어씌우기도 완성했습니다. 5·6단은 코를 줄이거나 늘리지 않고 뜹니다.

◆앞쪽 목둘레(왼쪽 뜨기)

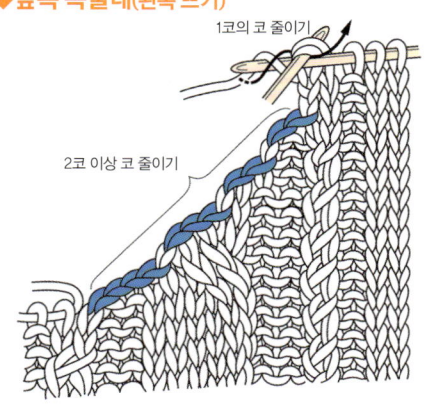

1코의 코 줄이기

2코 이상 코 줄이기

덮어씌우기가 끝나면 그 이후에는 '왼코 겹쳐 2코 모아뜨기'로 1코씩 줄여나갑니다.

뒤쪽 목둘레	앞쪽 목둘레

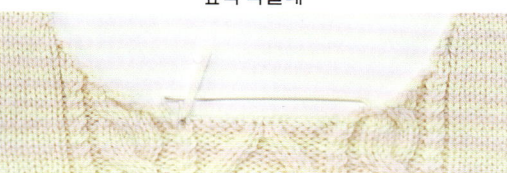

앞쪽 목둘레

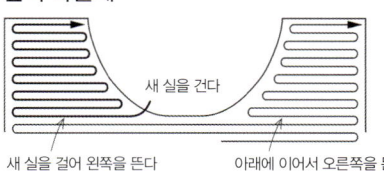

새 실을 건다

새 실을 걸어 왼쪽을 뜬다   아래에 이어서 오른쪽을 뜬다

오른쪽   **왼쪽**

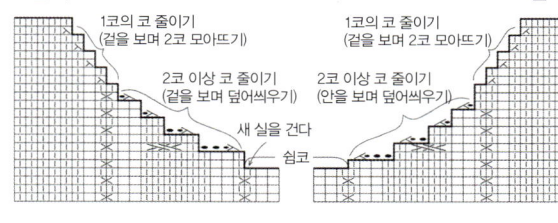

1코의 코 줄이기
(겉을 보며 2코 모아뜨기)

2코 이상 코 줄이기
(겉을 보며 덮어씌우기)

새 실을 건다

쉼코

1코의 코 줄이기
(겉을 보며 2코 모아뜨기)

2코 이상 코 줄이기
(안을 보며 덮어씌우기)

◆ 뒤쪽 목둘레(왼쪽 뜨기)

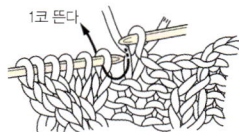

1코 뜬다

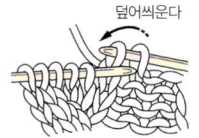

덮어씌운다

가운데 코

1 가운데 코. 쉬게 했던 코를 바늘에 옮기고, 오른쪽의 1번째 코에 새 실을 겁니다.

2 다음 코부터 덮어씌우기를 합니다.

3 1단. 가운데 코를 덮어씌우고, 왼쪽의 1단은 뜨던 대로 진행합니다.

◆ 앞쪽 목둘레(오른쪽 뜨기)

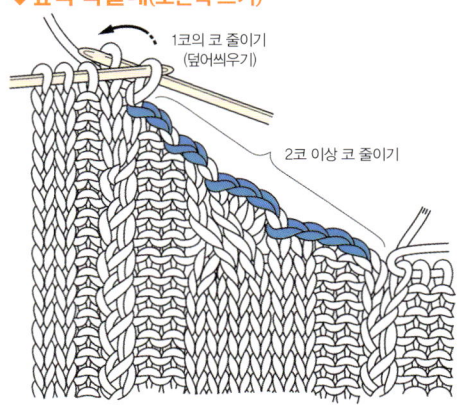

1코의 코 줄이기
(덮어씌우기)

2코 이상 코 줄이기

덮어씌우기가 끝나면 그 이후에는 '오른코 겹쳐 2코 모아뜨기'로 1코씩 줄여나갑니다.

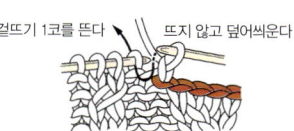

겉뜨기 1코를 뜬다   뜨지 않고 덮어씌운다

4 2단은 뜨던 대로 진행하며, 3단의 가장자리 코는 뜨지 않고 오른쪽 바늘로 옮깁니다. 다음 코를 겉뜨기로 뜨고, 가장자리 코를 덮어씌웁니다.

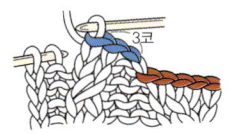

3코

5 4의 요령으로 1회째의 덮어씌우기를 하고, 다음 코부터는 뜨던 대로 진행합니다.

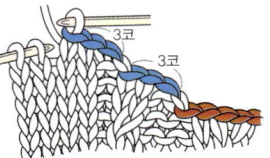

3코

3코

6 5단. 2회째의 덮어씌우기를 완성했습니다. 마지막 단은 코를 줄이거나 늘리지 않고 뜹니다.

41

Q V 네크라인을 뜨는 정해진 규칙이 있나요?

A V 네크라인은 대개 목둘레 쪽 가장자리 2코를 모아뜨기로 뜨면서 만듭니다. 1코씩 줄이며 뜨기 때문에 겉을 보며 뜨는 홀수 단에서, 오른쪽은 왼코 겹쳐 2코 모아뜨기로, 왼쪽은 오른코 겹쳐 2코 모아뜨기로 뜹니다. 실이 있는 오른쪽을 먼저 뜨고, 새 실을 걸어 왼쪽을 뜹니다. 앞판의 콧수가 홀수일 때는 중심 1코에 별실을 걸어 코를 쉬게 합니다. 짝수일 때는 중심에 쉼코가 없을 뿐 뜨는 방법은 똑같습니다. 목둘레단이 2코 고무뜨기라면 중심 2코를 쉼코로 잡아야 합니다(몸판은 짝수).

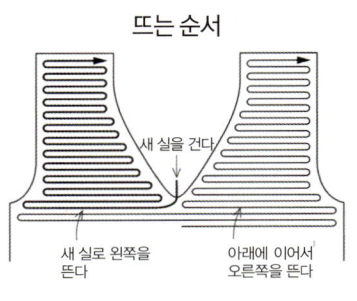

뜨는 순서

새 실을 건다

새 실로 왼쪽을 뜬다

아래에 이어서 오른쪽을 뜬다

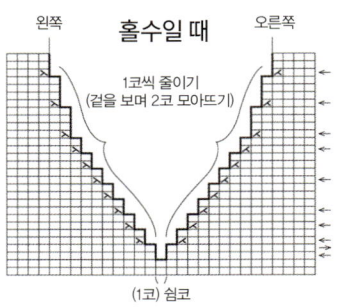

홀수일 때

왼쪽 · 오른쪽

1코씩 줄이기 (겉을 보며 2코 모아뜨기)

(1코) 쉼코

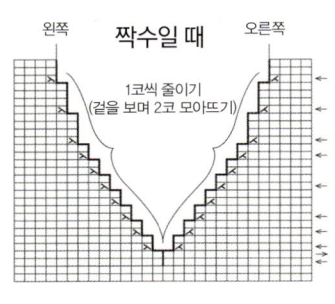

짝수일 때

왼쪽 · 오른쪽

1코씩 줄이기 (겉을 보며 2코 모아뜨기)

◆오른쪽

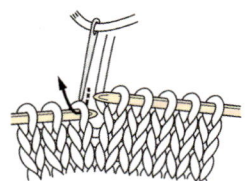

1 1단. 중심 1코 전까지(쉼코가 없을 때는 중심까지) 뜹니다.

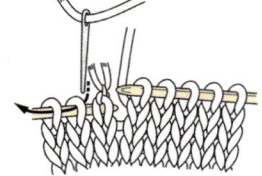

2 중심 1코와 그 왼쪽의 코들을 각각 별실에 꿰어 쉬게 합니다.

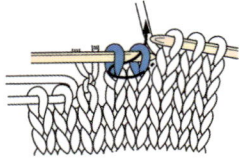

3 2단은 안을 보며 그대로 뜨고, 3단은 가장자리 2코 전까지 뜹니다.

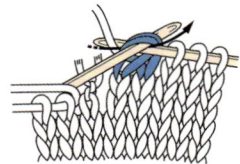

4 가장자리 2코에 '왼코 겹쳐 2코 모아뜨기'를 합니다.

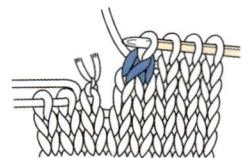

5 1코가 줄었습니다. 오른쪽은 이와 같은 요령으로 뜹니다.

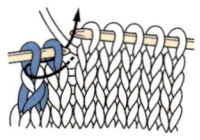

6 2회째 이후에도 마찬가지로 코를 줄입니다.

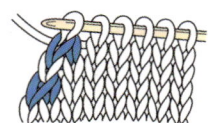

7 2단마다 겉을 보며 뜨는 단의 끝에서 2코 모아뜨기합니다.

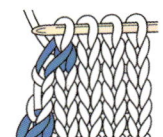

8 4단마다 코를 줄이려면 3단은 그대로 뜨고, 넷째 단 끝부분에서 '2코 모아뜨기'합니다.

◆가장자리 2코 세워서 코 줄이기

래글런선이나 V 네크라인 등 선을 강조해 뜨고 싶을 때는 가장자리 2코를 세워서 줄이기도 합니다. 이 방법으로 코를 줄이면 1코 안쪽이 확실하게 보여서 꿰매거나 코줍기가 쉽습니다.

오른쪽

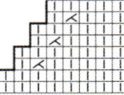

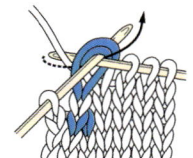

3코 전까지 뜨고, 다음 2코를 '왼코 겹쳐 2코 모아뜨기'로 뜹니다.

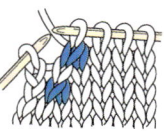

가장자리 코를 뜹니다.

왼쪽

1번째 코를 뜨고, 2번째 코를 오른쪽 바늘로 옮깁니다. 3번째 코를 뜨고, 2번째 코를 덮어씌웁니다.

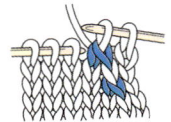

다음 코부터는 뜨던 대로 진행합니다.

◆왼쪽

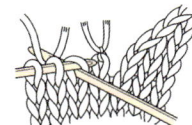

1 중심코의 다음 코부터 새 실을 걸어 뜹니다.

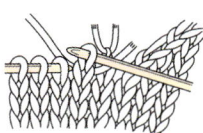

2 1단과 2단은 그대로 뜹니다.

3 3단부터 코를 줄입니다.

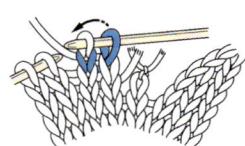

4 가장자리 코는 뜨지 않고 오른쪽 바늘로 옮기며, 다음 코를 뜨고서 덮어씌웁니다.

5 '오른코 겹쳐 2코 모아뜨기'를 완성했습니다.

6 2회째의 코 줄이기는 5단의 시작 부분에서 합니다.

7 2단마다 겉을 보는 단의 시작 부분에서 '오른코 겹쳐 2코 모아뜨기'를 합니다.

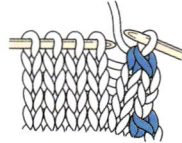

8 4단마다 코를 줄이려면 3단은 그대로 뜨고, 넷째 단 시작 부분에서 '2코 모아뜨기'를 합니다.

어깨선의 되돌아뜨기를 배우고 싶어요.

A '되돌아뜨기'는 사선이나 곡선을 뜰 때 주로 사용하는 방법으로, 코를 남기면서 되돌아뜨는 것을 '남겨 되돌아뜨기'라고 부릅니다. 2단마다 코를 남겨서 뒤집고, 걸기코와 걸러뜨기를 하여 단의 격차를 줄이는 식으로 필요한 횟수만큼 되돌아뜨기를 하면 됩니다. 되돌아뜨기가 끝나면 전체 코를 1단 더 떠서 단을 정리합니다. 단을 정리할 때는 걸기코의 실이 겉으로 드러나지 않게 주의합니다. 어깨 경사는 오른쪽, 왼쪽의 순서로 뜹니다. 왼쪽의 되돌아뜨기가 1단 늦게 시작되므로 왼쪽의 어깨선이 1단 많아지게 됩니다. 이 좌우의 차이는 어깨선과 앞뒤 몸판을 연결하면 상쇄됩니다.

◆남겨 되돌아뜨기(메리야스뜨기)
오른쪽

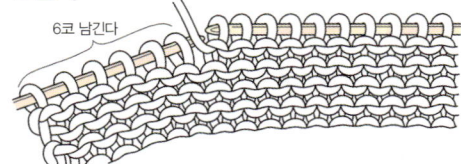

6코 남긴다

1 1단. 안을 보며 뜨는 단입니다. 1회째의 콧수를 뜨지 않고 그대로 남깁니다.

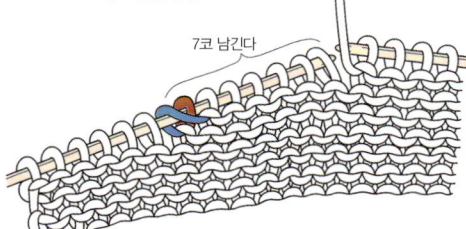

7코 남긴다

3 3단에서는 2회째의 콧수를 남깁니다. 이때 걸기코는 콧수에 넣지 않습니다.

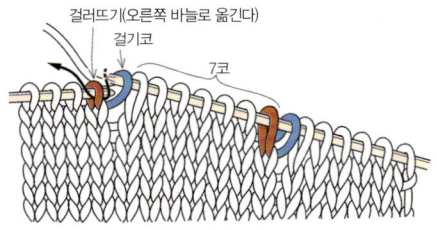

걸러뜨기(오른쪽 바늘로 옮긴다)
걸기코
7코

4 2와 마찬가지로 걸기코와 걸러뜨기를 합니다.

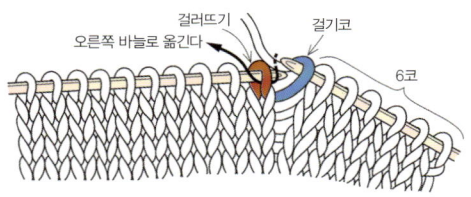

걸러뜨기
오른쪽 바늘로 옮긴다
걸기코
6코

2 2단. 뜨개바탕을 뒤집고서 실을 앞에서 뒤로 걸어 걸기코를 하고, 다음 코를 걸러뜨기합니다.

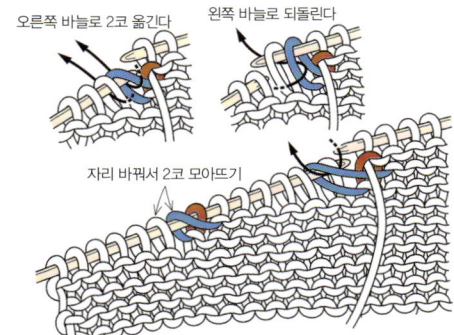

오른쪽 바늘로 2코 옮긴다
왼쪽 바늘로 되돌린다
자리 바꿔서 2코 모아뜨기

5 단을 정리합니다. 걸러뜨기한 코는 뜨던 대로 뜨고, 걸기코는 그림같이 다음 코와 자리를 바꾸어 2코 모아뜨기를 합니다.

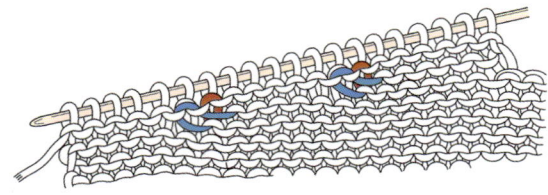

6 단을 정리한 모습입니다. 걸기코는 안쪽에 나타나 겉에서는 보이지 않습니다.

왼쪽　　오른쪽

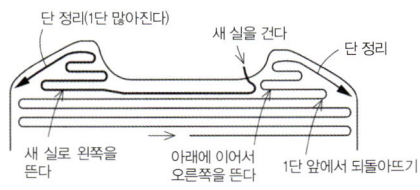
단 정리(1단 많아진다)　새 실을 건다　단 정리

새 실로 왼쪽을 뜬다　아래에 이어서 오른쪽을 뜬다　1단 앞에서 되돌아뜨기

왼쪽

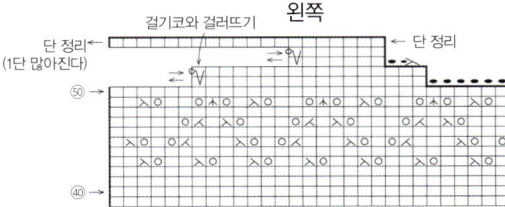

단 정리
(1단 많아진다)　걸기코와 걸러뜨기　단 정리

오른쪽

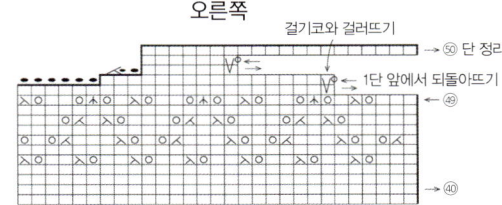

걸기코와 걸러뜨기　단 정리

1단 앞에서 되돌아뜨기

왼쪽

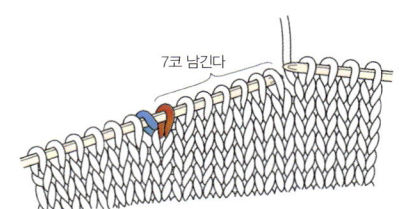
6코 남긴다

1 1단. 겉을 보고 뜨는 단의 마지막에서 1회째의 콧수를 뜨지 않고 남깁니다.

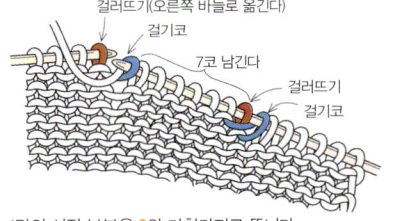
걸러뜨기(오른쪽 바늘로 옮긴다)
걸기코　6코

2 2단. 뜨개바탕을 뒤집어 걸기코를 하고, 실을 앞에 놓고서 1번째 코를 오른쪽 바늘로 옮겨 걸러뜨기를 합니다.

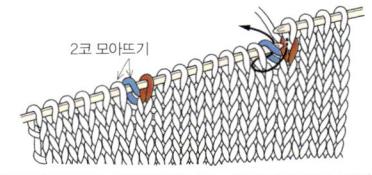
7코 남긴다

3 3단의 마지막에서 2회째의 콧수를 남깁니다. 이때 걸기코는 콧수에 넣지 않습니다.

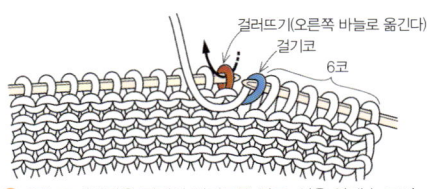
걸러뜨기(오른쪽 바늘로 옮긴다)
걸기코　7코 남긴다　걸러뜨기
걸기코

4 4단의 시작 부분은 **2**와 마찬가지로 뜹니다.

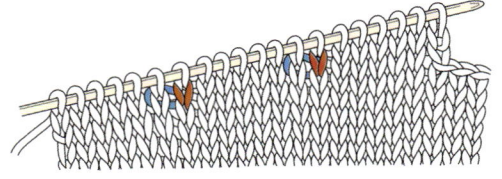
2코 모아뜨기

5 단을 정리합니다. 걸러뜨기한 코는 뜨던 대로 뜨고, 걸기코와 그 왼쪽 코에 화살표같이 바늘을 넣어 2코 모아뜨기를 합니다.

6 단을 정리한 모습입니다. 오른쪽보다 1단이 많아졌습니다.

대바늘 손뜨개 무엇이든 Q&A | 되돌아뜨기

45

◆남겨 되돌아뜨기(안메리야스뜨기)

겉(왼쪽)

겉(오른쪽)

안(왼쪽)

안(오른쪽)

단 정리

단 정리

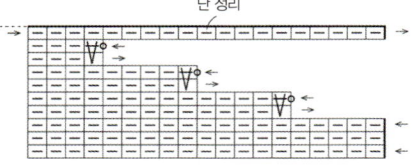

오른쪽

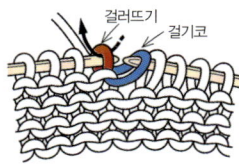

걸러뜨기　걸기코

1 걸기코를 하고서 실을 뒤쪽에 두고 왼쪽 바늘의 1코를 걸러뜨기합니다.

자리 바꾸어 2코 모아뜨기

2 단을 정리할 때는 걸기코와 다음 코의 자리를 바꿉니다.

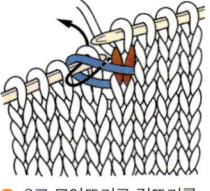

3 2코 모아뜨기로 겉뜨기를 합니다.

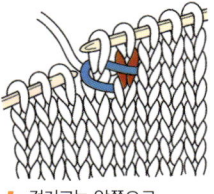

4 걸기코는 안쪽으로 정리됩니다.

왼쪽

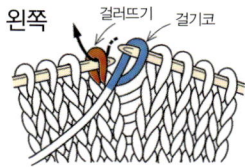

걸러뜨기　걸기코

1 걸기코를 하고서 실을 앞쪽에 둡니다.

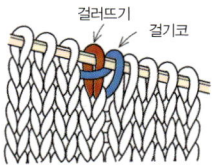

걸러뜨기　걸기코

2 다음 코를 걸러뜨기합니다.

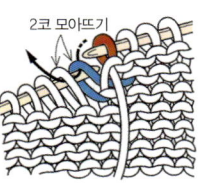

2코 모아뜨기

3 단을 정리할 때는 걸기코와 다음 코를 같이 뜹니다.

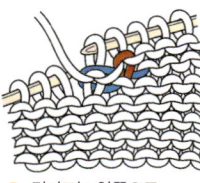

4 걸기코는 안쪽으로 정리됩니다.

◆**늘려 되돌아뜨기**　　적은 콧수에서 시작하여 순서대로 뜨개코의 수를 늘리며 사선이나 곡선을 만드는 방법입니다.
소매산부터 뜨기 시작할 때나 양말의 뒤축을 뜰 때 사용합니다.

겉

안

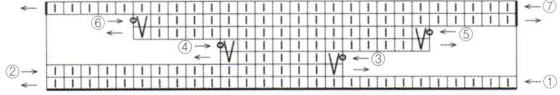

2단

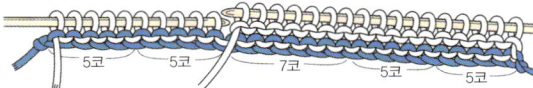

5코　5코　7코　5코　5코

1 전체 코를 1단 뜬 다음 1회째의 되돌아뜨기 위치까지
뜹니다(오른쪽).

3단

6코를 뜬다　걸러뜨기　걸기코

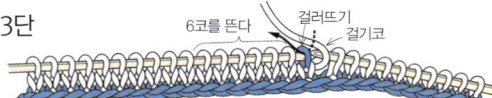

2 뜨개바탕을 뒤집고, 왼쪽 바늘의 1코를 걸러뜨기하고서
남은 6코를 뜹니다.

4단

11코를 뜬다　걸러뜨기　걸기코

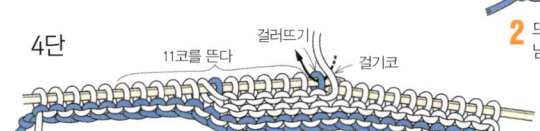

3 뜨개바탕을 뒤집고, 왼쪽 바늘의 1코를 걸러뜨기합니다(왼쪽).

자리 바꾸어 2코 모아뜨기　11코를 뜬다

4 11코를 뜨는데, 1회째 되돌아뜨기(오른쪽)의 걸기코와
다음 코의 자리를 바꾸어 '2코 모아뜨기'를 합니다.

5단

16코를 뜬다

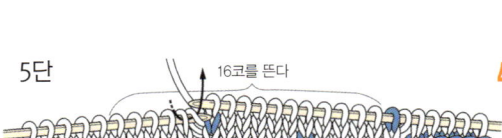

5 16코를 뜨는데, 2회째 되돌아뜨기(왼쪽)의 걸기코와 다음 코를
'2코 모아뜨기'합니다.

7단

6 4회째 되돌아뜨기(왼쪽)를 **3**과 마찬가지로 뜹니다. 되돌아뜨기
가 끝나면 단을 정리하면서 1단을 더 뜹니다.

소매 아래선에서 코를 늘릴 때는 어떤 방법이 좋은가요?

A 소매 아래선에서 코를 늘릴 때는 돌려뜨기로 코 늘리기, 앞단의 코를 끌어올리는 오른코 늘리기·왼코 늘리기를 많이 합니다. 모두 겉을 보며 좌우 같은 단에서 조작합니다. 돌려뜨기는 좌우에서 같은 기호를 사용하지만 실제로 조작하는 방향은 다릅니다. 이는 소매 아래선을 꿰맸을 때 늘린 코의 상태가 좌우대칭이 되어야 보기 좋기 때문입니다.

◆돌려뜨기로 코 늘리기

가장자리 1코 안쪽에서 코와 코 사이에 걸쳐진 싱커 루프를 끌어올려서 뜨므로 신축성이 좋은 울로 뜰 때 알맞은 방법입니다. 굵은 실은 뜨개바탕이 말려 올라갑니다.

메리야스뜨기

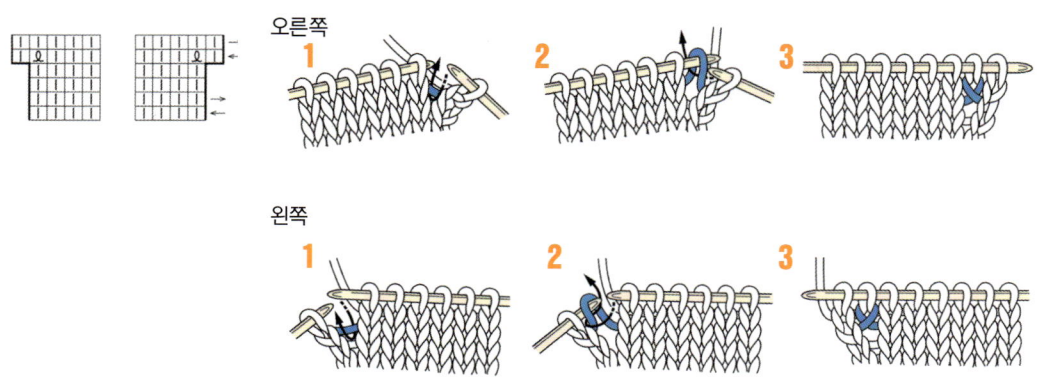

안메리야스뜨기

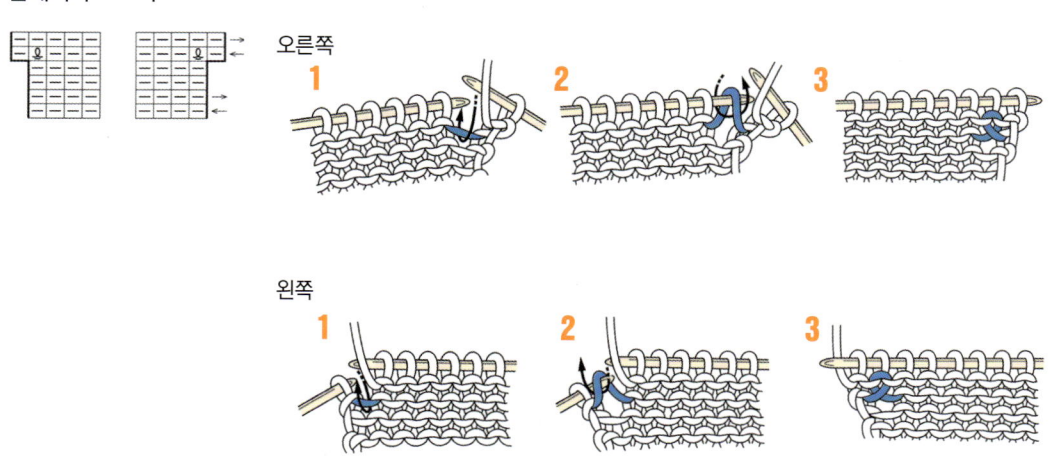

48

◆**걸기코와 돌려뜨기로 코 늘리기** 1코 안쪽에서 걸기코를 하고 다음 단에서 돌려뜨기하여 코를 늘리는 방법입니다. 굵은 실을 사용한 뜨개바탕에 알맞습니다. 가는 실이나 매끈한 실로 뜨면 뜨개코의 구멍이 두드러집니다.

메리야스뜨기

오른쪽

1 1코를 뜨고서 걸기코를 합니다.
2 다음 단에서 걸기코를 돌려 뜨기로 뜹니다.
3 완성했습니다.

왼쪽

1 걸기코를 뒤쪽에서 겁니다.
2 다음 단에서 걸기코를 돌려뜨기로 뜹니다.
3 완성했습니다.

안메리야스뜨기

오른쪽

1 1코를 뜨고서 걸기코를 합니다.
2 다음 단에서 걸기코를 돌려뜨기로 뜹니다.
3 완성했습니다.

왼쪽

1 걸기코를 뒤쪽에서 겁니다.
2 다음 단에서 걸기코를 돌려뜨기로 뜹니다.
3 완성했습니다.

◆**오른코 늘리기·왼코 늘리기** 가장자리 1코 안쪽에서 앞단 코를 끌어올려 코를 늘리는 방법으로, 어떤 실로 뜨든 깔끔합니다.

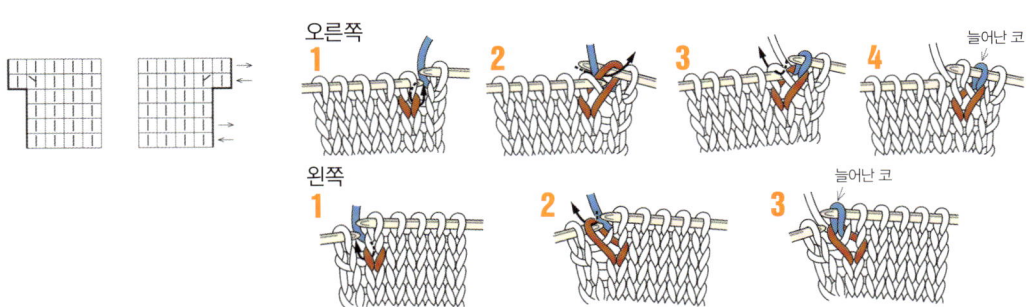

오른쪽
1 **2** **3** **4** 늘어난 코

왼쪽
1 **2** **3** 늘어난 코

대바늘 손뜨개 무엇이든 Q&A
소매 아래선에서 코 늘리기

밑단이나 소맷단의 고무뜨기는 어떻게 분산하여 코를 늘리고 줄이나요?

A 분산하여 코를 늘리고 줄이는 데 이용하는 계산을 '평균 계산'이라고 합니다. 손뜨개에서는 자주 쓰는 계산법입니다. 고무뜨기로 뜰 때 코를 증감하는 것 이외에 카디건 등의 앞단에서 코를 줍는 다든가 소매산이나 진동둘레 등 곡선을 뜰 때도 사용합니다. 간단한 계산법이므로 아래에 든 예를 참고로 알아두세요.

◆ 분산하여 코 줄이기

몸판→밑단

93코-82코=11코(많은 콧수에서 적은 콧수를 뺀 값=줄일 콧수)
93코÷11회=8코 나머지 5코(많은 콧수를 줄일 콧수로 나눈다)

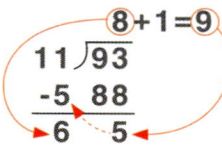

9-5(9코마다 1코 줄이는 것을 5회)
8-6(8코마다 1코 줄이는 것을 6회)
☆짝수 콧수의 1회분을 좌우로 나눈다
4코마다 1코 줄이기를 1회
8코마다 1코 줄이기를 5회
9코마다 1코 줄이기를 5회
4코는 증감하지 않고 뜬다

소매→소맷단

47코-38코=9코(많은 콧수에서 적은 콧수를 뺀 값=줄일 콧수)
47코÷9회=5코 나머지 2코(많은 콧수를 줄일 콧수로 나눈다)

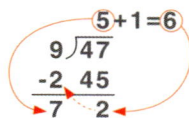

6-2(6코마다 1코 줄이기를 2회)
5-7(5코마다 1코 줄이기를 7회)
☆코 줄이기를 맨 처음에 한다

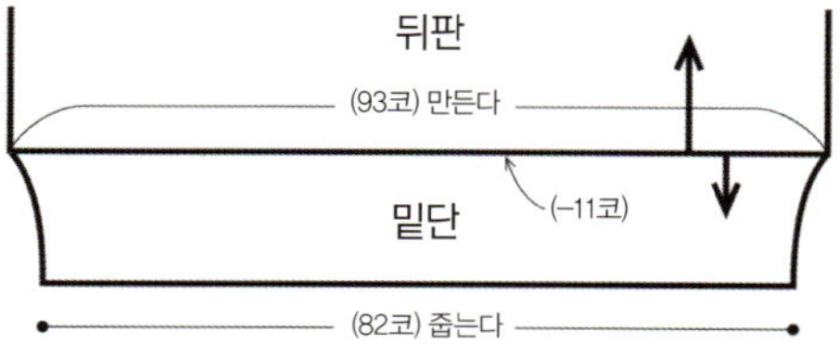

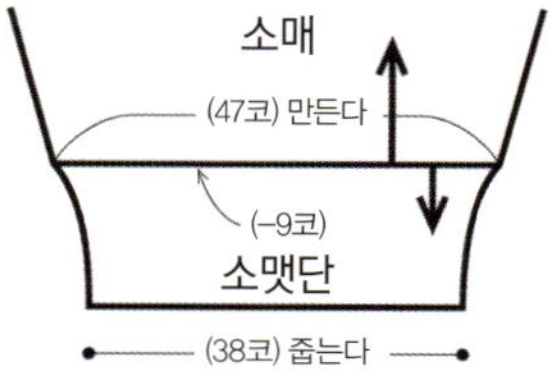

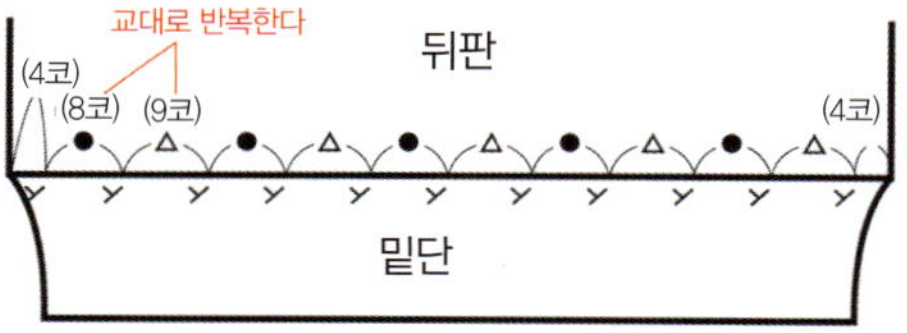

뒤판
(93코) 만든다
밑단
(-11코)
(82코) 줍는다

소매
(47코) 만든다
소맷단
(-9코)
(38코) 줍는다

교대로 반복한다
(4코)
(8코) (9코)
뒤판
(4코)
밑단

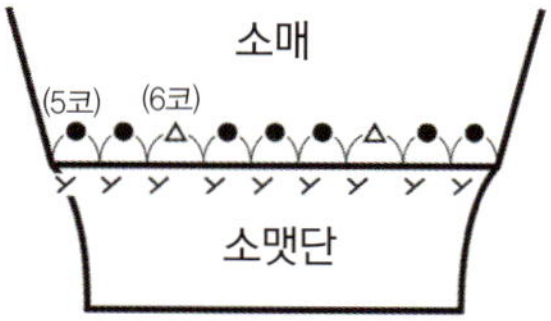

소매
(5코) (6코)
소맷단

☆콧수는 바늘에 걸리는 몸판과 소매의 콧수입니다.

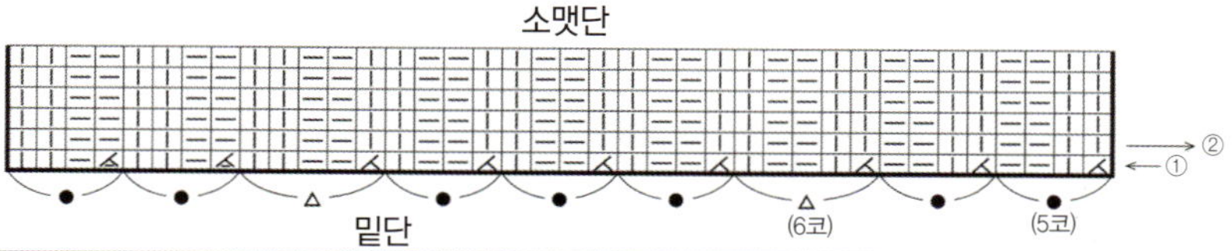

소맷단
②
①
(6코)
(5코)

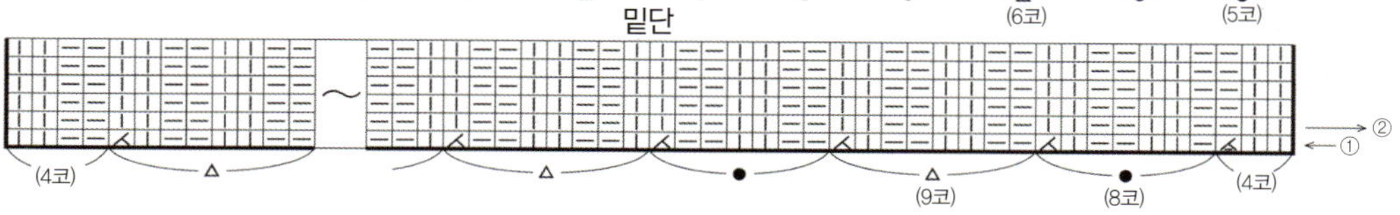

밑단
②
①
(4코)
(9코)
(8코)
(4코)

◆분산하여 코 늘리기

밑단→몸판

86코-78코=8코(많은 콧수에서 적은 콧수를 뺀 값=늘릴 콧수)
78코÷8회=9코 나머지 6코(적은 콧수를 늘릴 콧수로 나눈다)

$$9+1=10$$

$$8\overline{)78}$$
$$\underline{-6}\quad72$$
$$2\quad6$$

10-6(10코마다 1코 늘리기를 6회)
9-2(9코마다 1코 늘리기를 2회)
☆짝수 콧수의 1회분을 좌우로 나눈다
5코마다 1코 늘리기를 1회
10코마다 1코 늘리기를 5회
9코마다 1코 늘리기를 2회
5코는 증감하지 않고 뜬다

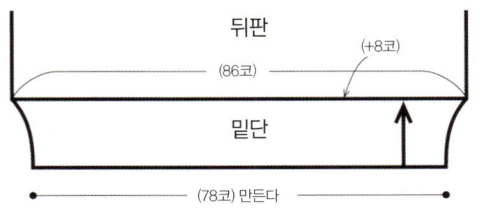

뒤판
(+8코)
(86코)
밑단
(78코) 만든다

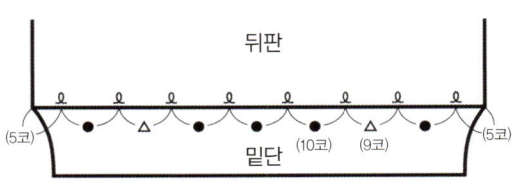

뒤판
(5코) (10코) (9코) (5코)
밑단

◆직선 소매를 몸판에 잇기

코⇆단

(48단+48단)-80코=16(많은 쪽에서 적은 쪽을 뺀 수=건너뛰는 단수)
96단÷17=5단 나머지 11단(많은 쪽을 건너뛰는 단수+1로 나눈다)

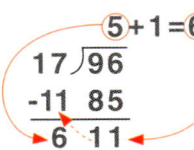

$$5+1=6$$

$$17\overline{)96}$$
$$\underline{-11}\quad85$$
$$6\quad11$$

6-11
5-6
☆건너뛰는 수가 아니라 사이의 수로
나누었으므로
6단과 5코를 11회 잇는다
5단과 4코를 5회 잇는다
5단과 5코를 1회 잇는다

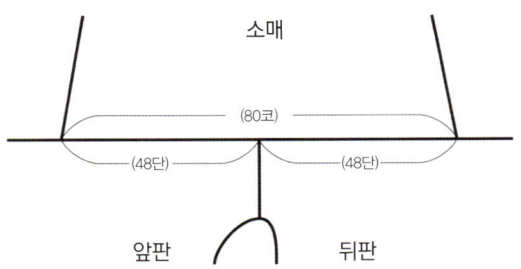

소매
(80코)
(48단) (48단)
앞판   뒤판

◆분산하여 코줍기

단→코

182단-147코=35(많은 쪽에서 적은 쪽을 뺀 수=건너뛸 단수)
182단÷36=5단 나머지 2단(많은 단수를 건너뛸 단수+1로 나눈다)

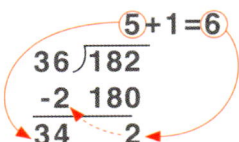

$$5+1=6$$

$$36\overline{)182}$$
$$\underline{-2}\quad180$$
$$34\quad2$$

6-2(6단마다 1코 건너뛰기 2회)
5-34(5단마다 1코 건너뛰기 34회)
☆건너뛰는 수가 아니라 사이의 수로
나누었으므로
6단마다 1코 건너뛰기 2회
5단마다 1코 건너뛰기 33회
5단은 그대로

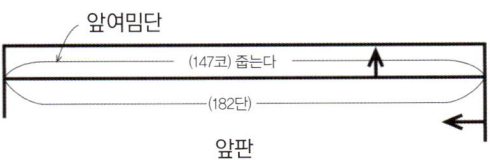

앞여밈단
(147코) 줍는다
(182단)
앞판

밑단과 소맷단의 고무뜨기를 잘 못하겠어요.

A 밑단과 소맷단의 경계에서 기초코를 만들어 몸판·소매를 먼저 뜨고서 코를 줄여가며 고무뜨기를 뜨는 방법과 밑단·소맷단을 먼저 뜨고서 코를 늘려가며 몸판·소매를 뜨는 방법이 있습니다.

◆ **코 줄이기** 밑단·소맷단의 경계에서 기초코를 만들어 몸판·소매를 먼저 뜰 때의 방법입니다. 기초코의 별도사슬은 안면을 보며 풀고, 고무뜨기를 할 바늘로 그 코를 줍습니다. 이 코는 엄밀히 말하면 코가 아니라 코와 코 사이의 싱커 루프입니다. 그래서 전체적으로 반코씩 어긋나게 되므로 가장자리의 반코를 같이 주워야만 1코가 줄어들지 않게 됩니다. 고무뜨기 1단에서 코를 줄이는데, 바늘에 걸린 기초코의 수를 세가며 코를 줄여야 합니다. '8코마다 1코 줄이기'는 7번째 코와 8번째 코를 2코 모아뜨기로 뜨라는 말입니다. '소맷단과 카디건의 앞여밈단'은 뜨기 시작 부분에서 2코 모아뜨기를 해야 하고, 나머지는 분산하여 코를 줄입니다. 1단 끝에서는 실 끝을 같이 걸어 뜹니다.

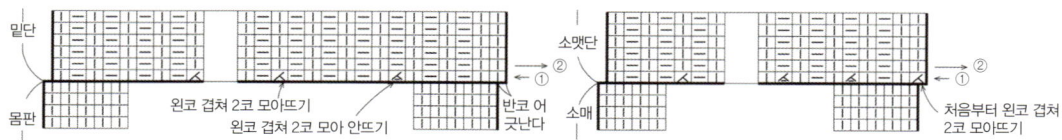

별도사슬을 풀어서 코줍기

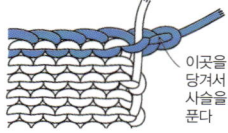

1 뜨개바탕의 안을 보고, 별도사슬의 코산을 당겨서 풉니다.

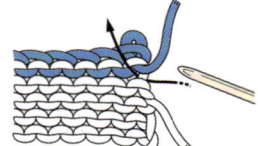

2 바늘을 화살표같이 넣어 사슬을 1코 풉니다.

3 왼손으로 별도사슬을 풀면서 코를 줍습니다.

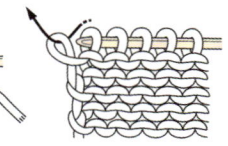

4 마지막 반코도 잊지 않고 꼭 줍습니다.

1단

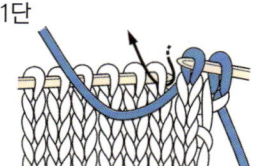

1 새 실을 걸어 뜨기 시작합니다.

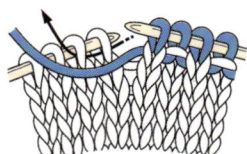

2 안뜨기 위치에서 코를 줄일 때는 '왼코 겹쳐 2코 모아 안뜨기'를 합니다.

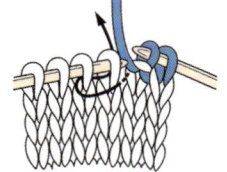

3 겉뜨기 위치의 코를 줄일 때는 '왼코 겹쳐 2코 모아뜨기'를 합니다.

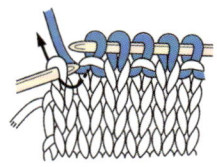

4 1단 끝에서는 1코 전까지 뜨고서 왼쪽 바늘에 걸린 코의 방향을 바꿉니다.

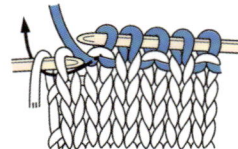

5 왼쪽의 실 끝을 왼쪽 바늘에 걸어 같이 겉뜨기로 뜹니다.

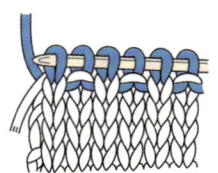

6 1단을 떴습니다.

소맷단과 카디건의 앞여밈단

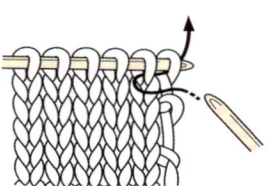

가장자리 반코와 다음 코를 '왼코 겹쳐 2코 모아뜨기'로 뜹니다.

◆코 늘리기

밑단과 소맷단을 먼저 뜨고서 뜨개 기법을 바꾸는 방법입니다. 돌려뜨기로 코 늘리기와 오른코 늘리기의 두 가지 방법이 있습니다. 코를 늘릴 경계에 이르면 바늘을 몸판·소매용 바늘로 바꿉니다. '돌려뜨기로 코를 늘릴 때'는 1단에서 코와 코 사이의 싱커 루프를 끌어올려서 코를 늘립니다. 이 방법은 코를 세기도 쉽고 구멍도 생기지 않아 초보자도 쉽게 할 수 있습니다. '오른코 늘리기'는 앞단 코를 끌어올려서 코를 늘리는 방법으로, 굵은 실을 사용할 때 적합합니다. 단, 밑단·소맷단과 몸판·소매의 색깔이 바뀔 때는 이 방법을 사용할 수 없습니다.

돌려뜨기로 코 늘리기

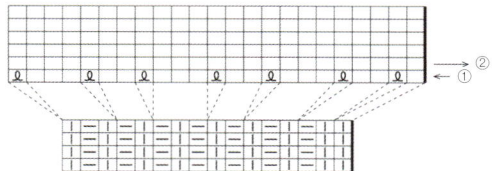

오른코 늘리기

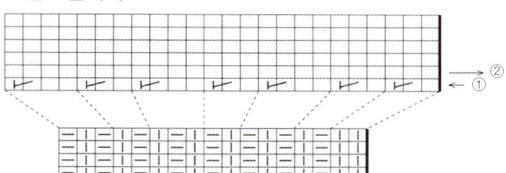

돌려뜨기로 코 늘리기

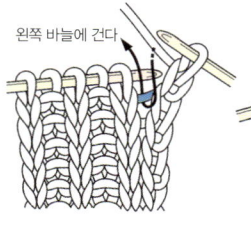
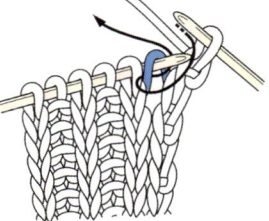
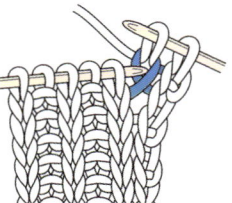
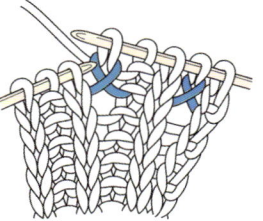

1 코와 코 사이의 싱커 루프를 오른쪽 바늘로 끌어올려 왼쪽 바늘에 겁니다.

2 화살표같이 오른쪽 바늘을 넣어 뜹니다.

3 돌려뜨기로 코 늘리기를 완성했습니다.

4 안뜨기와 겉뜨기 사이의 코 늘리기도 마찬가지입니다.

오른코 늘리기

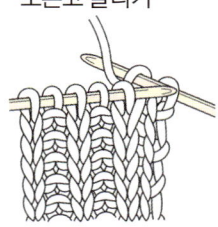
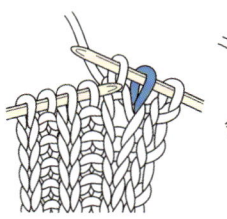
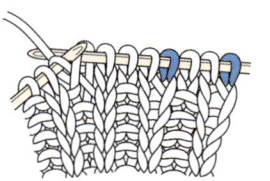
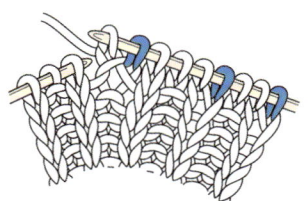

1 앞단이 겉뜨기일 때는 왼쪽 바늘에 걸린 코의 앞단에 바늘을 넣어 겉뜨기를 합니다.

2 이어서 왼쪽 바늘에 걸린 코를 겉뜨기합니다.

3 앞단 코가 안뜨기일 때는 왼쪽 바늘에 걸린 코의 앞단에 바늘을 넣어 겉뜨기를 합니다.

4 이어서 왼쪽 바늘에 걸린 코를 안뜨기로 뜨면 완성입니다.

코마무리하는 방법을 배우고 싶어요.

대바늘에서 벗겨낸 코가 풀어지지 않도록 막는 것을 '코마무리(코막음)'라고 합니다. 코를 막는 방법에는 대바늘로 덮어씌우기, 코바늘로 덮어씌우기, 휘감아 코마무리, 1코 고무뜨기의 코마무리, 2코 고무뜨기의 코마무리 등이 있습니다. 각각 쓰임이나 디자인에 따라 알맞은 방법을 고르면 됩니다. 어떤 방법이든 뜨개코의 크기에 맞춰서 실을 빼내야 깔끔합니다.

◆대바늘로 덮어씌우기

대바늘을 사용해서 코를 막는 방법으로, 목둘레의 평평한 부분이나 소매산의 남은 코를 막을 때 주로 사용합니다.

메리야스뜨기

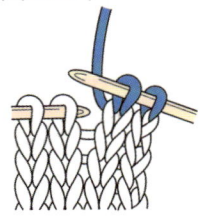

1 가장자리 2코를 각각 겉뜨기로 뜹니다.

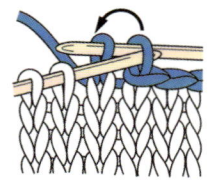

2 오른쪽 코에 왼쪽 바늘을 넣어 덮어씌웁니다.

3 겉뜨기를 뜨고, 오른쪽 바늘의 코를 덮어씌웁니다. 이를 반복합니다.

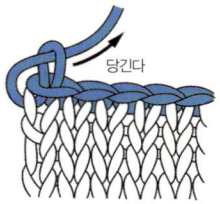

4 실 끝을 마지막 코에 통과시켜서 당깁니다.

안메리야스뜨기

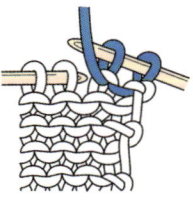

1 가장자리 2코를 각각 안뜨기로 뜹니다.

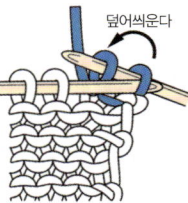

2 오른쪽 코에 왼쪽 바늘을 넣어 덮어씌웁니다.

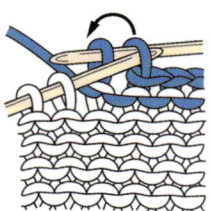

3 안뜨기를 뜨고, 오른쪽 바늘의 코를 덮어씌웁니다. 이를 반복합니다.

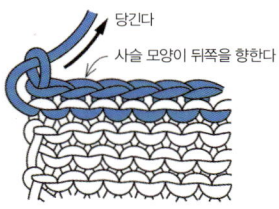

4 실 끝을 마지막 코에 통과시켜서 당깁니다.

가터뜨기

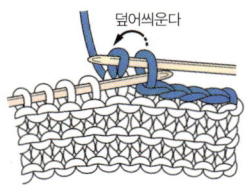

메리야스뜨기의 코마무리하는 방법과 같습니다.

1코 고무뜨기

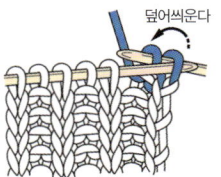

1 가장자리의 겉뜨기코는 겉뜨기로, 다음 안뜨기코는 안뜨기로 뜨고서 덮어씌웁니다.

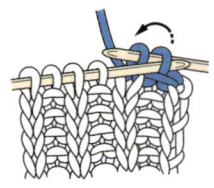

2 다음 겉뜨기코를 겉뜨기로 뜨고서 코를 덮어씌웁니다.

3 안뜨기코는 안뜨기로, 겉뜨기코는 겉뜨기로 뜨면서 덮어씌우다가 실 끝을 마지막 코에 통과시켜서 당깁니다.

◆코바늘로 덮어씌우기

코바늘을 사용해서 코를 막는 방법입니다. 쉽고 빨리 할 수 있어서 콧수가 많을 때나 다른 실로 고무뜨기를 막을 때 주로 사용합니다. 코를 막은 모양은 대바늘로 덮어씌우기를 한 모양과 똑같습니다.

메리야스뜨기

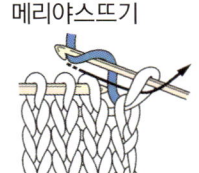 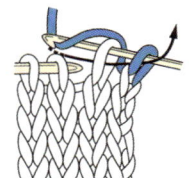 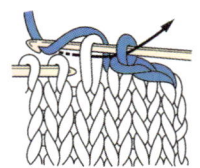 

1 가장자리 코에 코바늘을 넣고, 실을 걸어 빼냅니다.

2 다음 코에 코바늘을 넣고, 실을 걸어 바늘에 걸린 코로 한 번에 빼냅니다.

3 2를 반복합니다.

4 마지막 코에 실 끝을 통과시켜서 당깁니다.

안메리야스뜨기

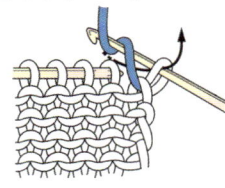 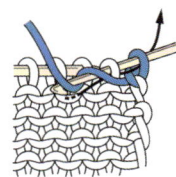  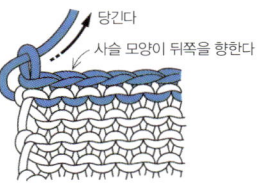

당긴다
사슬 모양이 뒤쪽을 향한다

1 실을 앞에 두고, 가장자리 코에 뒤부터 바늘을 넣어 실을 걸어 빼냅니다.

2 다음 코에도 뒤부터 바늘을 넣고, 실을 걸어 바늘에 걸린 코로 한 번에 빼냅니다.

3 2를 반복합니다.

4 마지막 코에 실 끝을 통과시켜서 당깁니다.

2코 고무뜨기

 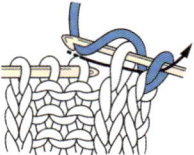 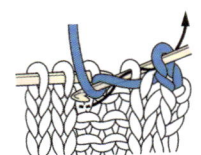 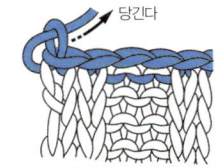

당긴다

1 가장자리의 겉뜨기코에 바늘을 넣고, 실을 걸어 빼냅니다.

2 겉뜨기코를 막을 때는 실을 뒤쪽에 두고, 바늘을 앞쪽에서 넣어 실을 걸어 빼냅니다.

3 안뜨기코를 막을 때는 실을 앞쪽에 두고, 바늘을 뒤쪽에서 넣어 실을 걸어 빼냅니다.

4 마지막 코에 실 끝을 통과시켜서 당깁니다.

◆휘감아 코마무리

돗바늘을 사용해서 코를 막는 방법입니다. 대바늘이나 코바늘로 덮어씌워 코마무리를 하는 것보다 신축성이 있고 깔끔하게 마무리됩니다. 실은 뜨개바탕 너비의 약 2.5배가 필요합니다.

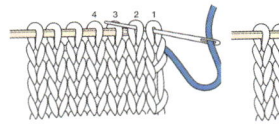  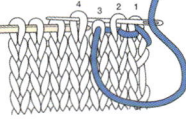 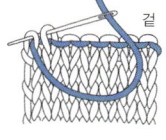 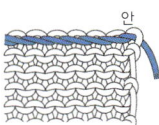

1 가장자리 2코에 그림같이 돗바늘을 넣습니다.

2 1과 3에 돗바늘을 넣습니다.

3 2와 4에 돗바늘을 넣습니다.

4 2·3과 같이 1코 걸러서 바늘을 넣다가 마지막에는 그림같이 바늘을 넣습니다.

5 완성입니다. 안면에서 본 모습입니다.

※가터뜨기는 뜨개바탕 위아래를 바꾸어놓고서 막는 실의 볼록한 부분이 겉에 나오도록 합니다.

고무뜨기의 코마무리가 어려워요.

A 고무뜨기가 그대로 이어진 듯하면서도 신축성이 있는 코마무리 방법을 알아보겠습니다. 작품의 완성도를 위해 알아두면 좋습니다. 1코 고무뜨기의 코마무리와 2코 고무뜨기의 코마무리가 있고, 왕복뜨기냐 원형뜨기냐에 따라 약간의 요령을 익혀야 합니다. 마무리에 사용하는 실은 뜨개바탕의 약 3배가 필요합니다.

◆1코 고무뜨기의 코마무리
오른쪽 끝이 겉뜨기 2코·왼쪽 끝이 겉뜨기 1코일 때

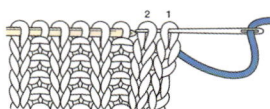

1 1의 코 앞에서 돗바늘을 넣어 2의 코 앞으로 빼냅니다.

2 다시 한 번 1의 코 앞에서 돗바늘을 넣어 3의 코 뒤로 빼냅니다.

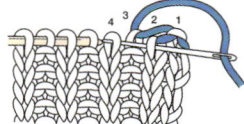

3 2의 코 앞에서 돗바늘을 넣어 4의 코 앞으로 빼냅니다 (겉뜨기끼리).

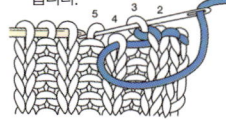

4 3의 코 뒤에서 돗바늘을 넣어 5의 코 뒤로 빼냅니다(안뜨기끼리).

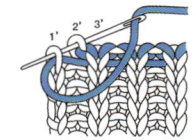

5 1코에 반드시 돗바늘이 2회 지나야 합니다. 마지막에 돗바늘을 넣는 방법입니다.

양 끝 모두 겉뜨기 1코일 때

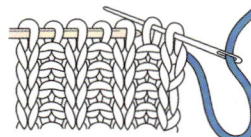

1 가장자리 2코 앞에서 돗바늘을 넣습니다.

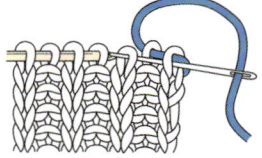

2 겉뜨기끼리 바늘을 통과시키고 위의 **3·4**를 반복합니다.

양 끝 모두 겉뜨기 2코일 때

1 3'와 1'에 뒤부터 돗바늘을 넣습니다.

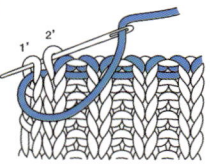

2 2'와 1'에 돗바늘을 넣어 끝냅니다.

원형뜨기일 때

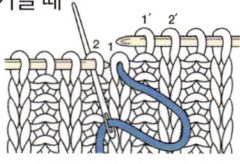

1 뜨기 시작 쪽의 1의 코 뒤에서 돗바늘을 넣어 2의 코 뒤로 빼냅니다.

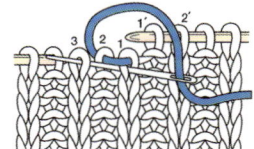

2 다시 한 번 1의 코 앞에서 돗바늘을 넣어 3의 코 앞으로 빼냅니다.

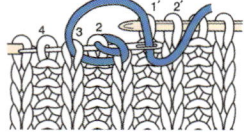

3 2의 코 뒤에서 돗바늘을 넣어 4의 코 뒤로 빼냅니다(안뜨기끼리).

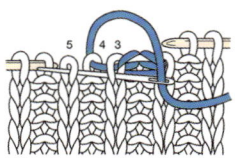

4 겉뜨기끼리, 안뜨기끼리 바늘을 통과시킵니다.

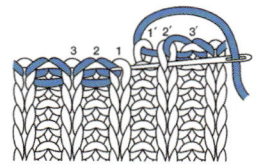

5 마지막에는 뜨기 끝 쪽 2'의 코와 시작 쪽 1의 코에 바늘을 통과시킵니다.

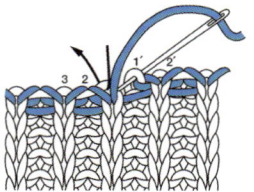

6 1'와 2의 코(안뜨기끼리)에 통과시키면 완성입니다.

◆2코 고무뜨기의 코마무리

양 끝 모두 겉뜨기 2코일 때

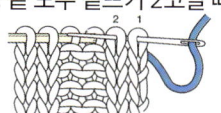

1 1의 코 앞에서 돗바늘을 넣어 2의 코 앞으로 빼냅니다.

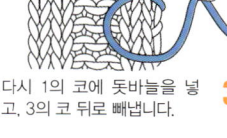

2 다시 1의 코에 돗바늘을 넣고, 3의 코 뒤로 빼냅니다.

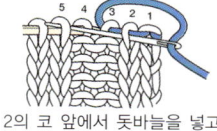

3 2의 코 앞에서 돗바늘을 넣고, 4의 코를 걸러서 5의 코 앞으로 빼냅니다.

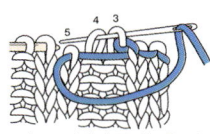

4 3의 코 뒤에서 돗바늘을 넣어 4의 코 뒤로 빼냅니다(안뜨기끼리).

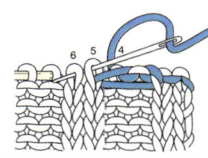

5 5의 코 앞에서 돗바늘을 넣어 6의 코 앞으로 빼냅니다.

6 4의 코 뒤에서 돗바늘을 넣어 7의 코 뒤로 빼냅니다. **3**~**6**을 반복합니다.

7 마지막에는 3′, 1′의 코에 통과시킵니다.

오른쪽 끝이 겉뜨기 3코일 때

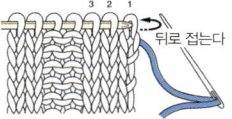

뒤로 접는다

1 가장자리 1코를 안면으로 접어 2의 코 뒤에 겹칩니다.

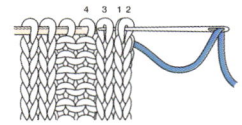

2 겹쳐진 2코에 앞부터 돗바늘을 넣어 3의 코 앞으로 빼냅니다. 이후 과정은 위의 그림과 동일합니다.

왼쪽 끝이 겉뜨기 3코일 때

1 가장자리 코를 뒤로 접어 겹칩니다.

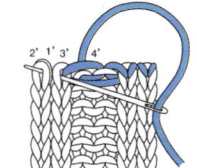

2 3′의 코에서 1′와 2′의 코로 빼냅니다.

3 4′의 코에서 1′와 2′의 코에 한 번 더 통과시킵니다.

원형뜨기일 때

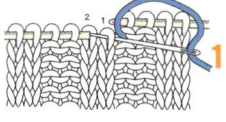

1 뜨기 시작 1의 코 뒤에서 돗바늘을 넣습니다.

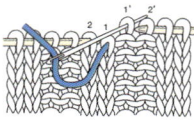

2 뜨기 끝 1′의 코 앞에서 돗바늘을 넣습니다.

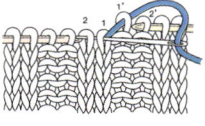

3 1의 코 앞에서 돗바늘을 넣어 2의 코 앞으로 빼냅니다.

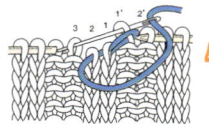

4 1′의 코 뒤에서 돗바늘을 넣어 3의 코 뒤로 빼냅니다.

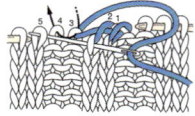

5 일반적인 2코 고무뜨기의 코마무리를 합니다.

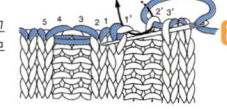

6 마지막에는 3′와 1의 코(겉뜨기끼리), 2′와 1′의 코(안뜨기끼리)에 통과시킵니다.

돌려 고무뜨기의 코마무리

돌려뜨기로 1코 고무뜨기를 떴을 때는 코마무리를 할 때도 뜨개코를 돌려주어야 모양이 비틀리지 않고 예쁩니다. 겉뜨기코에 바늘을 넣는 방법만 다릅니다.

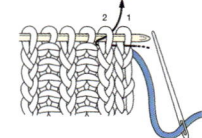

1 1의 코 앞에서 돗바늘을 넣고, 2의 코가 꼬아지도록 화살표같이 바늘을 넣어 앞으로 빼냅니다.

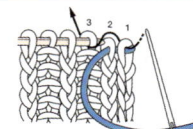

2 다시 한 번 1의 코 앞에서 돗바늘을 넣고, 3의 코 앞에서 넣어 뒤로 빼냅니다.

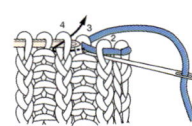

3 꼬아진 2의 코 앞에서 돗바늘을 넣고, 4의 코가 꼬아지도록 바늘을 넣습니다.

57

각 부분을 다 떴는데, 어깨를 잇는 방법부터 알려주세요.

A 뜨개바탕의 코와 코를 연결하는 것을 '잇기'라고 합니다. 코바늘로 빼뜨기를 하며 잇는 방법과 덮어씌우기를 하면서 잇는 방법이 가장 일반적입니다. 코바늘은 기초코에 사용했던 호수를 사용하고, 잇는 실은 뒤쪽 어깨에서 어깨너비의 5~7배를 남겨 사용합니다.

빼떠서 잇기

가장 간단하고 많이 사용하는 방법입니다. 메리야스뜨기나 겉뜨기 쪽을 사용하는 무늬뜨기에 적합합니다.

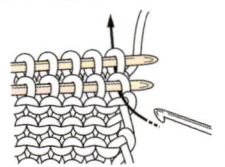 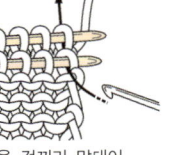 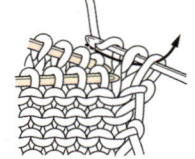 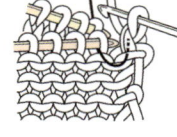 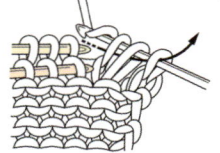 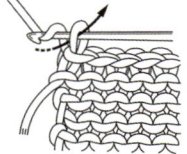

1 뜨개바탕을 겉끼리 맞대어 잡고, 코바늘로 앞뒤 가장자리 코를 줍습니다.

2 실을 걸어 2코로 한 번에 빼냅니다.

3 다음 코도 앞뒤를 차례로 줍습니다.

4 코바늘에 걸린 3코로 한 번에 빼냅니다.

5 마지막에는 실 끝을 빼내어 당겨 조입니다.

●앞뒤 콧수가 다를 경우

앞판에만 무늬를 넣거나 앞뒤판에 다른 실을 사용하면 앞뒤의 어깨 콧수가 달라지기도 합니다. 이럴 때는 콧수가 적은 쪽에 맞춰 많은 쪽의 코를 2코씩 줍습니다. 2코를 한 번에 줍는 곳은 게이지가 다르다고 생각되는 곳이나 평균 계산을 통해 분산한 곳 등 작품에 따라 다릅니다. 꽈배기 무늬를 넣은 곳은 주위의 안뜨기 위치에서 2코를 한 번에 줍습니다.

1 많은 부분의 2코와 적은 부분의 1코를 한 번에 주워서 실을 걸어 빼냅니다.

2 다음 코부터는 1코씩 진행합니다.

덮어씌워서 잇기

안메리야스뜨기나 안뜨기가 많은 뜨개바탕에 알맞은 방법입니다.

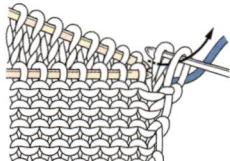 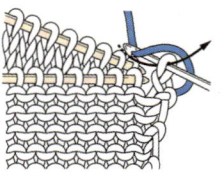 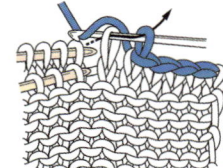 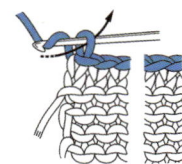

1 뜨개바탕을 겉끼리 맞대어 잡고 가장자리 2코에 코바늘을 넣습니다. 뒤쪽 코를 앞쪽 코로 빼냅니다.

2 실을 걸어 바늘에 걸린 코로 빼냅니다.

3 1·2의 요령으로 실을 걸어 빼내기를 반복합니다.

4 마지막에는 실 끝을 빼내어 당겨 조입니다.

휘감아 잇기

양쪽 모두 코가 막힌 상태에서 쉽게 이을 수 있는 방법으로, 겉이 보이게 맞대어놓고서 반코씩 휘감습니다. 이음매는 겉으로 드러납니다.

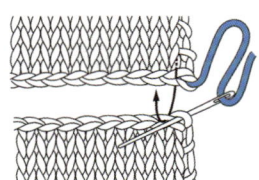 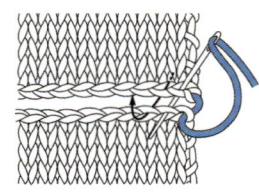 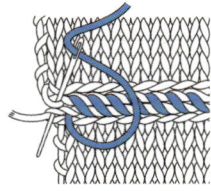

1 앞판 가장자리 반코에 안부터 돗바늘을 넣고, 뒤판과 앞판에 화살표같이 돗바늘을 넣습니다.

2 뒤판과 앞판의 반코에 차례대로 돗바늘을 넣습니다.

3 마지막 코에도 돗바늘을 넣어 잇습니다.

메리야스 잇기

뜨개코의 크기가 같아지도록 잇는 실로 코를 만들면 이음매가 드러나지 않아 깔끔합니다.
잇는 실은 뜨개바탕 너비의 3배 길이로 준비하고, 1코에 2회씩 돗바늘을 통과시킵니다.

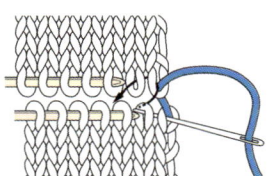
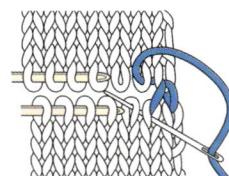
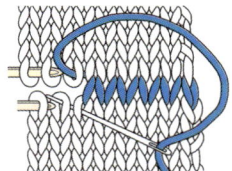
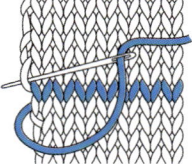

1 실 끝이 달린 앞판 가장자리 코와 뒤판 가장자리 코에 돗바늘을 넣고, 앞판 2코에 돗바늘을 넣습니다.

2 뒤판 2코에 돗바늘을 넣고, 다시 앞판 2코에 돗바늘을 넣습니다.

3 항상 겉에서 바늘을 넣어 겉쪽으로 빼냅니다.

4 마지막에는 뒤판 코에 바늘을 넣습니다. 뜨개바탕은 반코 어긋납니다.

안메리야스 잇기

안뜨기 쪽이 겉에 오게 놓고서 잇습니다. 1코에 2회씩 돗바늘을 통과시킵니다.

●앞뒤 콧수가 다를 경우

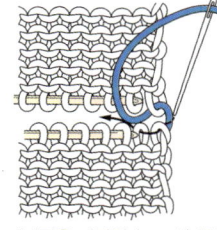
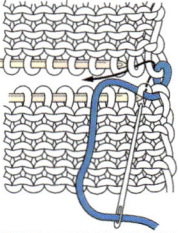
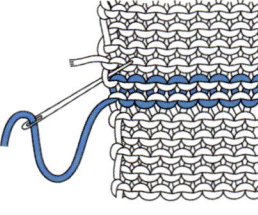
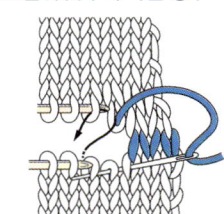

1 뜨개바탕을 나란히 놓고 실 끝이 있는 앞판 가장자리 코와 뒤판 가장자리 코에 겉부터 돗바늘을 넣습니다.

2 뒤판의 2코에 안부터 돗바늘을 넣어 안으로 빼냅니다.

3 마지막 코에도 돗바늘을 2회 넣습니다. 뜨개바탕은 반코 어긋납니다.

2코를 한 번에 줍는 곳에서는 2코에 같은 방향으로 바늘을 넣습니다.

가터 잇기

뜨개바탕의 맨 마지막 단이 한쪽은 겉뜨기, 다른 한쪽은 안뜨기가 되도록 놓습니다.
겉뜨기 쪽은 안메리야스 잇기, 안뜨기 쪽은 메리야스 잇기의 요령으로 돗바늘을 넣습니다.

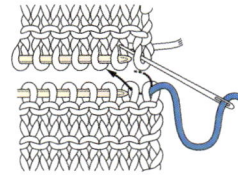
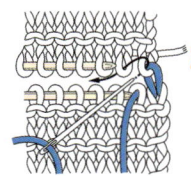
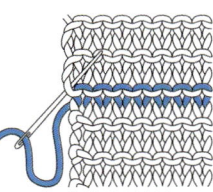

1 실 끝이 있는 앞판 가장자리 코에 안부터 돗바늘을 넣고, 뒤판 가장자리 코에 겉부터 돗바늘을 넣습니다.

2 뒤판 가장자리 코에 안부터 돗바늘을 넣고, 이어서 이웃한 코에 겉에서 돗바늘을 넣습니다.

3 1·2를 반복합니다.

1코 고무뜨기 잇기

뜨기 끝끼리 이을 때는 겉이 보이게 맞대어놓고 잇습니다.

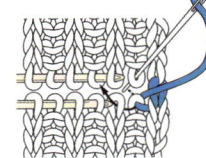
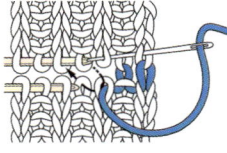
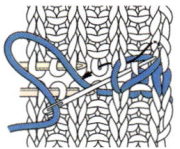
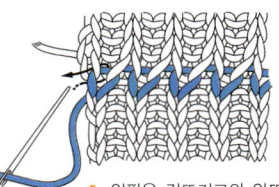

1 실 끝이 있는 앞판 가장자리 코와 뒤판 가장자리 코에 안에서 돗바늘을 넣습니다. 이어서 앞판 가장자리 코에 겉부터 돗바늘을 넣고 안뜨기코의 안으로 빼냅니다.

2 뒤판 1번째 코에 겉에서 돗바늘을 넣어 3번째 코의 겉으로 빼냅니다. 이어서 앞판에 화살표같이 바늘을 넣습니다.

3 뒤판의 2번째 코와 4번째 코에 돗바늘을 넣습니다.

4 앞판은 겉뜨기코와 안뜨기코에 교대로 돗바늘을 넣고, 뒤판은 겉뜨기끼리, 안뜨기끼리 통과시킵니다.

스퀘어 슬리브를 달 때 코와 단은 어떻게 잇나요?

A 직선 몸판에 직선 소매를 연결할 때는 단(몸판)과 코(소매)를 이어야 합니다. 몸판과 소매 모두 8등분하여 실로 표시해두고서 이으면 뜨개바탕이 밀리지 않습니다. 아무래도 단 쪽이 많으므로 그 차이만큼 단 쪽에서 2단을 한 번에 주워야 합니다. 어깨를 빼뜨기로 이은 곳에서는 이음매를 전부 주워서 잇습니다. 진동둘레와 소매 아래선도 같은 요령으로 잇습니다.

◆코와 단 잇기

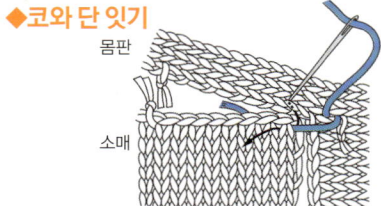

몸판

소매

1 몸판(단)은 1코 안쪽의 싱커 루프를, 소매는 덮어씌운 코의 1코 아래코를 줍습니다.

◆실로 표시해둘 위치

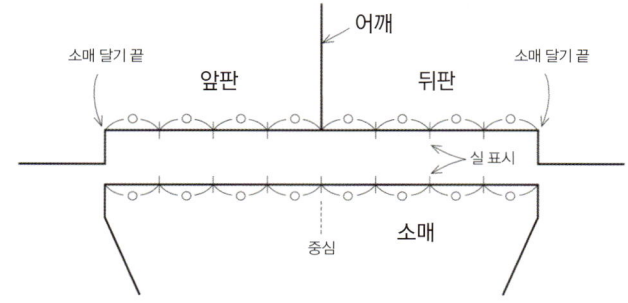

어깨

소매 달기 끝   앞판   뒤판   소매 달기 끝

실 표시

중심   소매

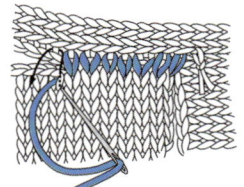

2 단 쪽이 많을 때는 중간중간 2단을 떠서 너비를 조정합니다.

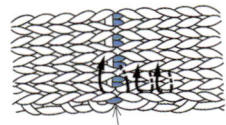

어깨의 이음매(빼떠서 잇기)는 완전히 줍는다

3 어깨의 이음매는 이음매를 완전히 주워서 잇습니다.

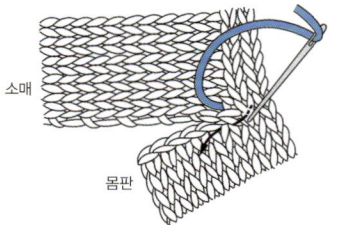

소매

몸판

4 진동둘레와 소매 아래선도 같은 요령으로 잇습니다.

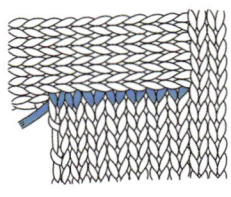

5 이은 실을 당겨서 눈에 띄지 않도록 합니다.

◆코가 그대로 남아 있을 때

메리야스뜨기

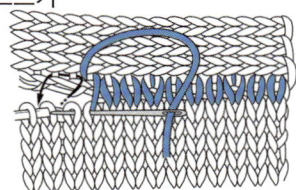

단 쪽은 1코 안쪽의 싱커 루프를 줍고, 코는 메리야스 잇기의 요령으로 줍습니다.

안메리야스뜨기

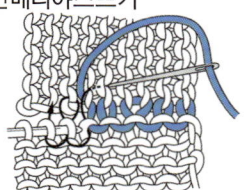

단 쪽은 1코 안쪽의 싱커 루프를 줍고, 코는 안메리야스 잇기의 요령으로 줍습니다.

스웨터의 목둘레단을 2겹으로 만들고 싶어요.

A 라운드 네크라인을 2겹으로 만드는 것은 의외로 간단합니다. 먼저 목둘레단 너비의 2배 높이로 뜨고서 맨 마지막 단을 덮어씌우기로 마무리하여 목둘레선에 휘감아주면 됩니다. 입고 벗기 쉽게 하려면 덮어씌우기가 지나치게 쫀쫀해지지 않도록 주의합니다. 또는 신축성이 있는 휘감아 코마무리(55쪽)를 해도 좋습니다.

목둘레단(1코 고무뜨기 2겹) 8호 바늘

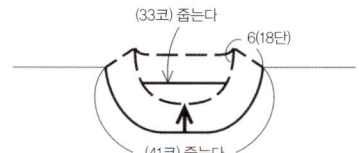

◆ 맨 마지막 단 덮어씌우기

1 처음에는 겉뜨기를 2코 뜨고, 1번째 코를 2번째 코에 덮어씌웁니다.

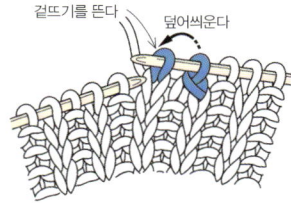

2 겉뜨기를 뜨고, 오른쪽 코를 덮어씌웁니다. 이를 반복합니다.

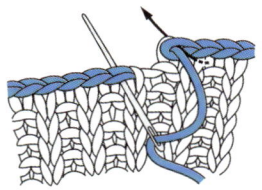

3 마지막에는 돗바늘에 꿰어 1번째 코에 통과시켜서 1코를 만듭니다.

◆ 목둘레에 휘감아 잇기

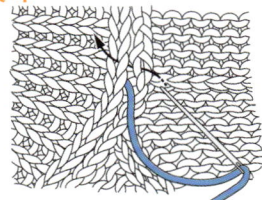

1 옷깃을 안면으로 접고, 남은 실로 휘감아 잇습니다.

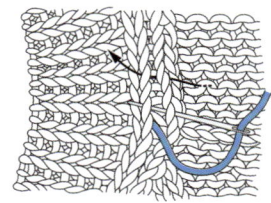

2 코를 주워서 뜬 목둘레 부분과 덮어씌운 맨 마지막 단을 각각 반코씩 휘감습니다.

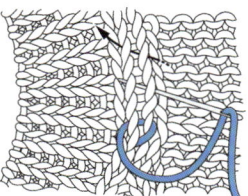

3 1코씩 걸러서 휘감습니다. 실은 지나치게 팽팽하게 당기지 않도록 조심합니다.

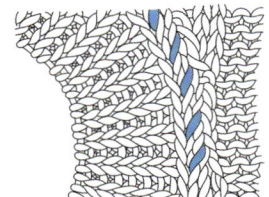

4 목둘레단이 비틀리지 않도록 신경 쓰면서 한 바퀴 돌며 잇습니다.

옆선과 소매 아래선을 예쁘게 연결하고 싶어요.

A 옆선이나 소매 아래선 등 뜨개바탕의 단과 단을 연결할 때는 '꿰맨다'고 말합니다. 뜨개바탕의 겉이 보이도록 맞대어놓고서 1코 안쪽의 싱커 루프를 1단씩 주워서 연결하는 '떠서 꿰매기'를 가장 많이 사용합니다. 꿰매는 실은 코마무리를 하고 남은 실이나 기초코 쪽의 실 끝을 이용합니다. 꿰맨 실은 보이지 않을 정도로 당겨야 하지만, 그렇다고 뜨개바탕의 신축성에 영향을 끼쳐서는 안 됩니다. 뜨개바탕을 옆으로 놓아야 작업하기가 수월합니다.

◆메리야스뜨기의 떠서 꿰매기

직선 부분

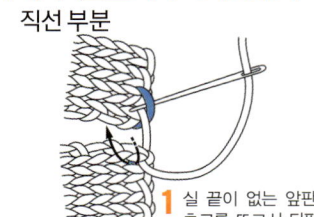

1 실 끝이 없는 앞판의 기초코를 뜨고서 뒤판 기초코에 돗바늘을 넣습니다.

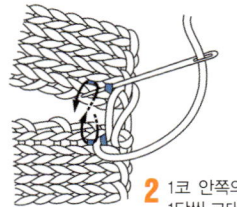

2 1코 안쪽의 싱커 루프를 1단씩 교대로 줍습니다.

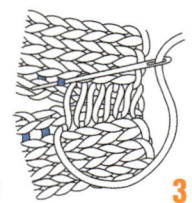

3 꿰매는 실이 보이지 않을 정도로 당깁니다.

늘린 코 부분

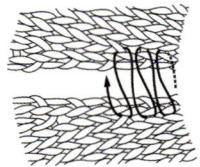

1 코를 늘린 위치에서 교차된 다리의 바깥쪽 다리를 줍습니다.

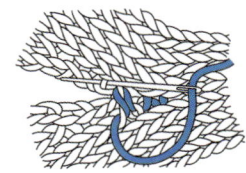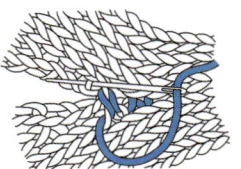

2 다음 싱커 루프는 평소와 같이 1코 안쪽을 줍습니다.

줄인 코 부분

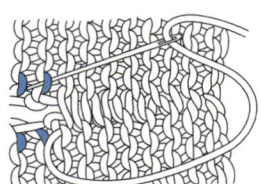

코를 줄인 위치에서 반코씩 어긋나게 줍습니다.

◆안메리야스뜨기의 떠서 꿰매기

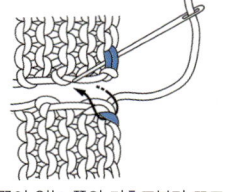

1 실 끝이 없는 쪽의 기초코부터 뜨고 나서 실 끝이 있는 쪽의 기초코에 돗바늘을 넣습니다.

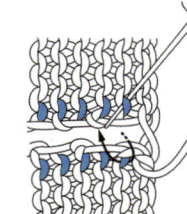

2 1코 안쪽의 싱커 루프를 1단씩 교대로 뜹니다.

3 꿰매는 실을 보이지 않을 정도로 당깁니다.

늘린 코 부분

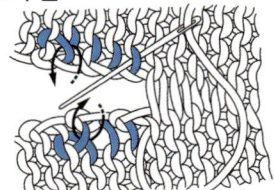

코를 늘린 위치에서 교차된 다리의 바깥쪽 다리를 줍습니다.

줄인 코 부분

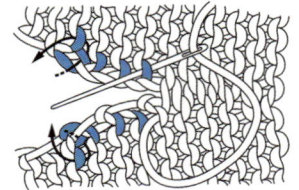

코를 줄인 위치에서 줄인 코의 반코와 싱커 루프를 같이 줍습니다.

◆가터뜨기의 떠서 꿰매기(2단마다 꿰매기)

직선 부분

안쪽의 볼록한 부분을 떠서 꿰매는 방법으로, 속도는 빠르지만 꿰맨 모습이 조금 조잡할 수 있습니다.

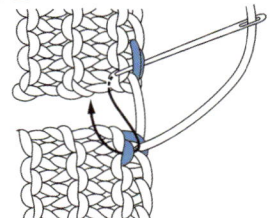

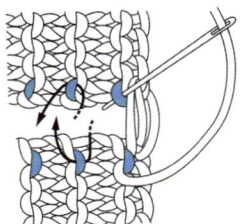

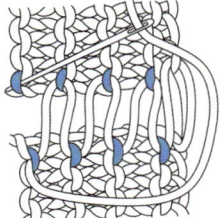

1 좌우의 기초코를 줍습니다.

2 앞판은 1코 안쪽의 싱커 루프를, 뒤판은 가장자리 위쪽 코(니들 루프)를 교대로 줍습니다.

3 꿰매는 실이 보이지 않을 정도로 당깁니다.

◆가터뜨기의 떠서 꿰매기(1단마다 꿰매기)

직선 부분

일반적인 떠서 꿰매기같이 가장자리 1코 안쪽을 1단씩 교대로 줍습니다. 이음매가 매우 튼튼해집니다.

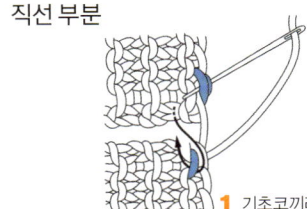

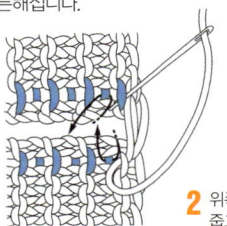

1 기초코끼리 줍고서 1코 안쪽의 싱커 루프를 줍습니다.

2 위쪽도 1코 안쪽의 싱커 루프를 줍고, 이를 반복합니다.

늘린 코 부분

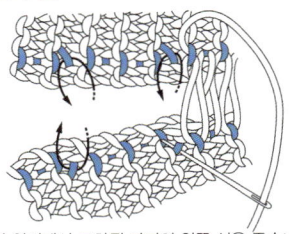

코를 늘린 위치에서 교차된 다리의 위쪽 실을 줍습니다.

줄인 코 부분

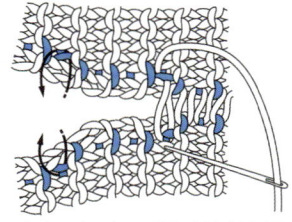

줄인 코의 안쪽 반코와 1코 안쪽의 싱커 루프를 같이 줍습니다.

◆덮어씌우기의 떠서 꿰매기

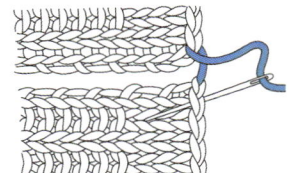

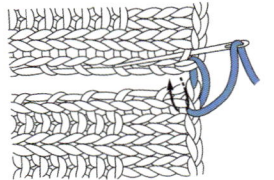

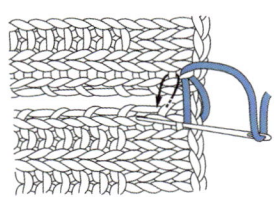

1 뒤판은 코마무리 부분을 줍습니다.

2 앞판의 코마무리 부분을 줍습니다.

3 1코 안쪽의 싱커 루프를 1코씩 교대로 줍습니다.

◆1코 고무뜨기의 떠서 꿰매기

뜨기 끝 쪽에서 꿰맬 때

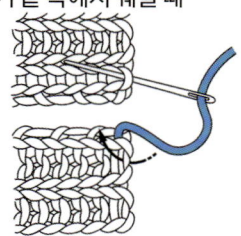 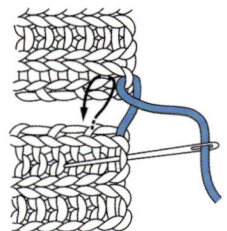 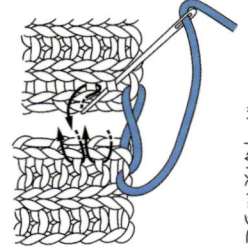 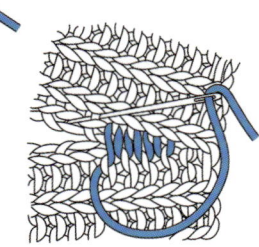

1 코마무리를 하고 남은 실을 사용합니다.

2 양쪽 모두 가장자리 1코 안쪽 실을 줍습니다.

3 다음부터는 가장자리 1코 안쪽의 싱커 루프를 1단씩 교대로 줍습니다.

4 꿰매는 실이 보이지 않을 정도로 당깁니다.

뜨기 시작 쪽에서 꿰맬 때

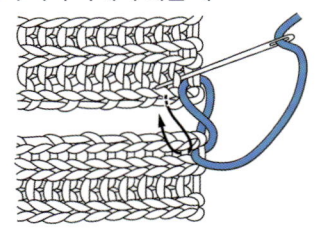 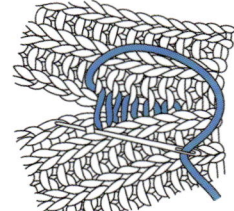 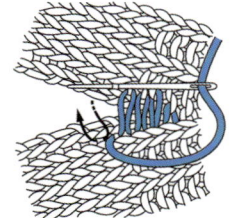

1 기초코를 만들고 남은 실을 사용해서 뒤판은 가장자리 1코 안쪽의 실 2가닥을, 앞판은 1가닥을 줍습니다.

2 다음 코부터는 가장자리 1코 안쪽의 싱커 루프를 1단씩 교대로 줍습니다.

3 메리야스뜨기로 바뀔 때도 같은 요령으로 꿰맵니다.

◆2코 고무뜨기의 떠서 꿰매기

뜨기 끝 쪽에서 꿰맬 때

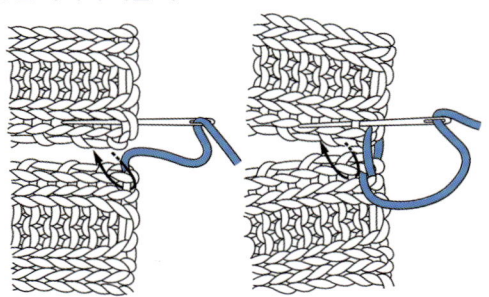 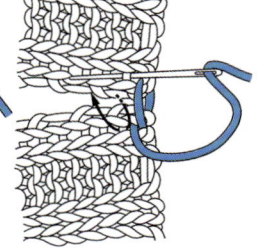

1 코마무리 쪽 실을 뜬 다음, 뒤판은 가장자리 1코 안쪽의 실 2가닥을, 앞판은 1가닥을 줍습니다.

2 1코 안쪽을 1단씩 교대로 줍습니다.

뜨기 시작 쪽에서 꿰맬 때

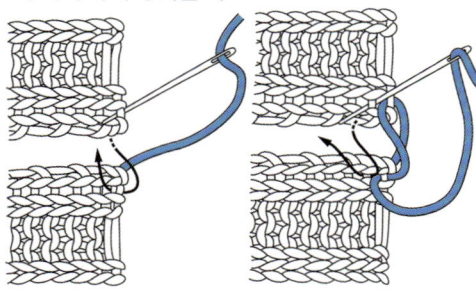

1 기초코의 실 끝을 사용해 뜨기 시작 쪽 가장자리 1코 안쪽의 싱커 루프를 줍습니다.

2 다음 코부터는 가장자리 1코 안쪽의 싱커 루프를 교대로 줍습니다.

◆도중에 뜨개바탕이 바뀔 때 꿰매기

반코 어긋날 때

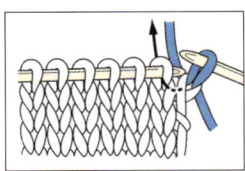

가장자리에 겹친 코가 있을 때

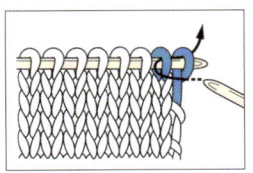

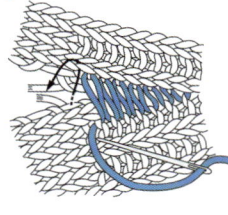

1 경계 부분에서는 반코 어긋나게 줍습니다. 화살표같이 돗바늘을 비스듬하게 넣습니다.

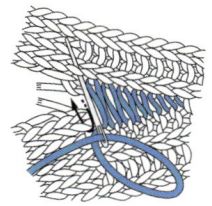

2 아래쪽도 돗바늘을 비스듬하게 넣습니다.

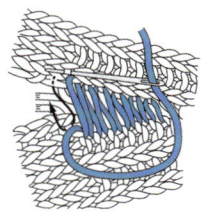

3 메리야스뜨기 부분도 1코 안쪽을 1단씩 교대로 줍습니다. 실을 당기면 반코씩 어긋난 모습을 확인할 수 있습니다.

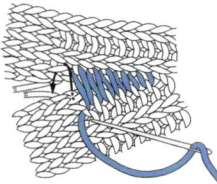

1 가장자리에 겹친 코가 있다는 말은 메리야스뜨기 쪽이 1코 많다는 뜻입니다. 화살표같이 돗바늘을 비스듬하게 넣습니다.

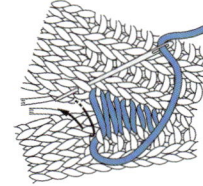

2 아래쪽도 돗바늘을 비스듬하게 넣습니다.

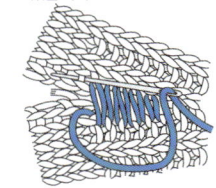

3 이후부터는 계속해서 가장자리 1코 안쪽의 싱커 루프를 줍습니다.

◆반코 안쪽을 떠서 꿰매기

실이 굵고, 1코를 시접으로 삼을 때 사용하는 방법입니다.
줍는 위치를 알기 어렵고, 남은 반코가 지나치게 느슨하면 예쁘게 마무리되지 않습니다.

메리야스뜨기

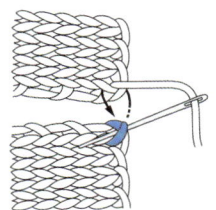

1 가장자리 반코 안쪽에 돗바늘을 넣고 화살표같이 줍습니다.

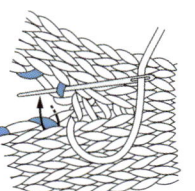

2 1단씩 교대로 줍습니다.

1코 고무뜨기

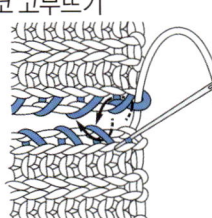

1 그림같이 가장자리 반코 안쪽의 싱커 루프를 줍습니다.

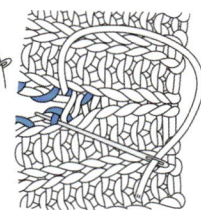

2 1단씩 주워나갑니다. 반코씩 모아 겉뜨기 1코를 만드는 셈입니다.

꿰매는 실이 부족할 때

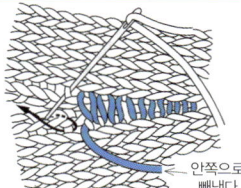

안쪽으로 빼낸다

1 실 끝을 10cm 정도 남겨놓고, 새 실로 꿰맵니다.

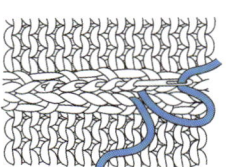

2 실 끝 2가닥을 돗바늘에 꿰어서 안쪽에 얽어 정리합니다.

라운드 네크라인을 뜰 때 코줍는 위치와 뜨는 방법을 알려주세요.

A 목둘레단은 4개짜리나 5개짜리 바늘, 혹은 줄바늘로 코를 주워서 원형으로 뜹니다. 4개짜리 바늘은 뒤쪽에 1개, 앞쪽에 2개를 걸고, 5개짜리 바늘은 앞쪽에 3개를 걸어 뜹니다. 줄바늘은 바늘을 바꿔가며 뜰 필요가 없어 편리합니다. 주워야 하는 콧수는 1코 고무뜨기는 2의 배수, 2코 고무뜨기는 4의 배수여야 합니다. 코를 주울 때는 겉뜨기로 줍고, 이를 목둘레단의 1단으로 셉니다. 아무래도 느슨해지기 쉬운 곳이므로 코를 주울 때는 특히 더 주의합니다. 2단부터 고무뜨기를 시작하는데, 1코 고무뜨기든 2코 고무뜨기든 반드시 겉뜨기부터 시작하여 안뜨기로 끝냅니다.

◆ 목둘레에서 코줍기
왼쪽 어깨의 이음매에서 앞쪽 목둘레, 뒤쪽 목둘레 순서로 줍습니다.

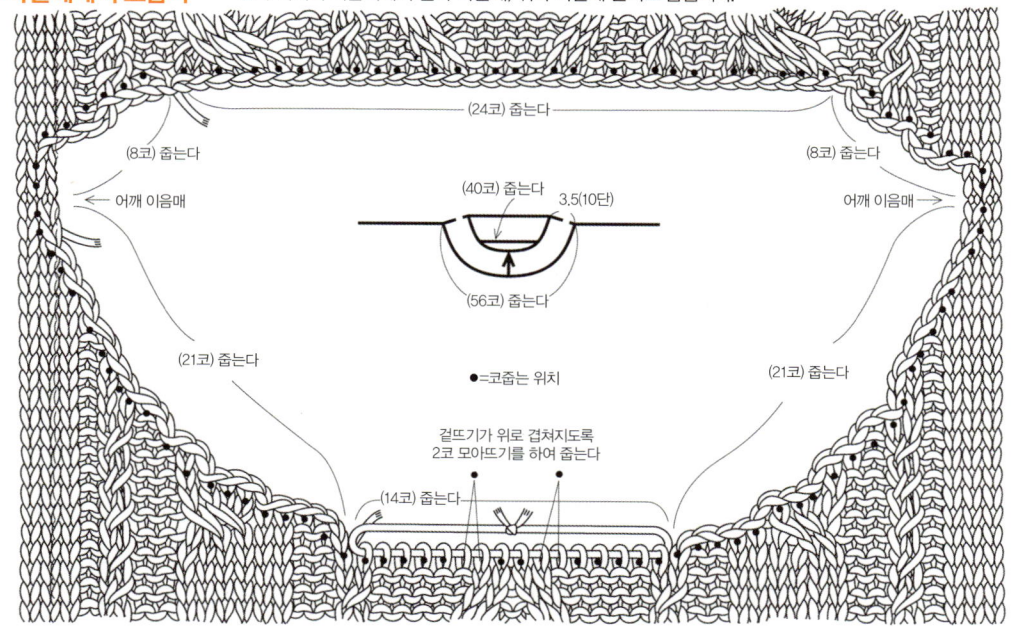

1단(코줍기)

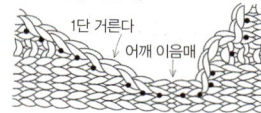

앞판의 왼쪽 어깨 이음매부터 줍습니다. ●표시가 코줍는 위치입니다. 가장자리 코와 그 옆의 코 사이에 바늘을 넣고 실을 걸어 빼냅니다.

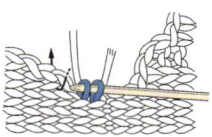

2코 모아뜨기 부분은 거르지 말고, 아래쪽 코의 한가운데에 바늘을 넣어 코를 줍습니다.

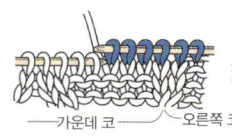

가운데에 쉬고 있던 코는 1코씩 줍습니다. 무늬뜨기의 경계 부분은 2코 모아뜨기로 줍습니다.

1단이 끝나면 전체 콧수를 확인합니다.

2단

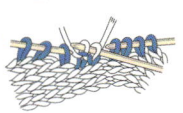

2단은 겉뜨기, 안뜨기를 반복하며 고무뜨기로 뜹니다. 1번째 코는 꼭 겉뜨기로 뜹니다.

■여러 가지 코줍기

밑단, 소맷단, 목둘레단 외에도 앞여밈단이나 테두리뜨기 등을 할 때는 코를 주워서 떠야 합니다. 먼저 주워야 하는 콧수를 계산해놓고 평균 계산을 통해 분산하여 줍습니다. 그림의 ●표시가 코줍는(바늘을 넣는) 위치입니다.

◆코에서 코줍기
메리야스뜨기에서 줍기

같은 콧수 줍기

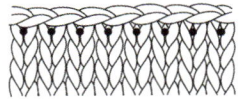

1코에서 1코를 줍습니다.

적게 줍기

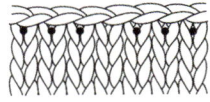

코를 걸러서 줍습니다.

많이 줍기

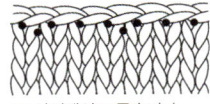

코 사이에서도 줍습니다.

안메리야스뜨기에서 줍기

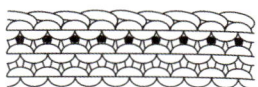

메리야스뜨기와 같은 방법으로 줍습니다.

◆단에서 코줍기
메리야스뜨기에서 줍기

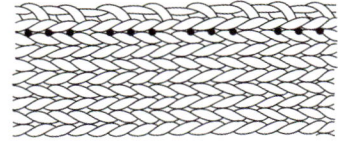

1코 안쪽에 바늘을 넣어 줍습니다.

안메리야스뜨기에서 줍기

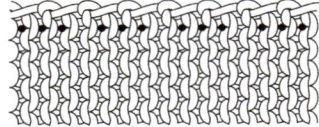

1코 안쪽에 바늘을 넣어 줍습니다.

가터뜨기에서 줍기

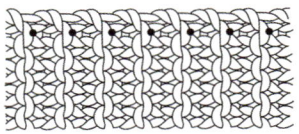

1코 안쪽에 바늘을 넣어 줍습니다.

◆사선에서 코줍기
코를 줄여서 만든 사선일 때

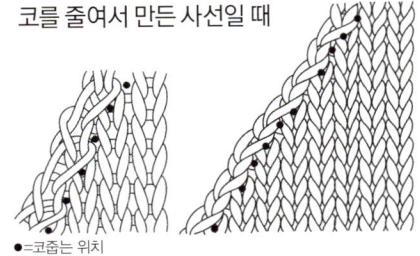

●=코줍는 위치

1코 안쪽에서 코를 줍는데, 2코가 겹친 코에서는 아래쪽 코에 바늘을 넣습니다. 코를 줄인 곳에서는 반코씩 어긋나게 됩니다.

코를 늘려서 만든 사선일 때

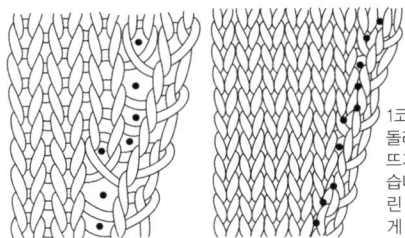

1코 안쪽에서 코를 줍는데, 돌려뜨기로 코를 늘린 곳은 뜨개코의 중심에 바늘을 넣습니다. 마찬가지로 코를 늘린 곳에서는 반코씩 어긋나게 됩니다.

◆곡선에서 코줍기
코를 늘려서 만든 곡선일 때

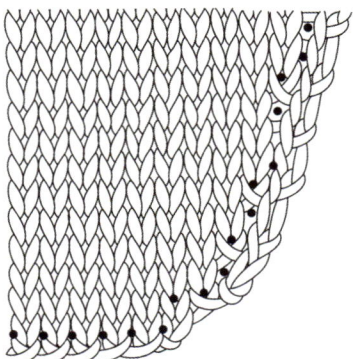

코 부분은 코와 코 사이에서, 단 부분은 1코 안쪽에서, 돌려뜨기로 코를 늘린 곳은 뜨개코의 중심에서 코를 줍습니다.

Q V 네크라인을 깔끔하게 뜨고 싶어요.

A 목둘레에서 4·5개짜리 바늘이나 줄바늘로 코를 주워 목둘레단을 뜹니다. 1코 고무뜨기로 뜰 때는 앞쪽 중심에서 3코 모아뜨기로 코를 줄이면서 원형으로 뜹니다. 1단은 코를 줍는 단이므로 모두 겉뜨기로 뜹니다. 1코 안쪽에서 코를 줍는데, 코를 줄인 부분에서는 반드시 아래에 놓인 코의 중심에 바늘을 넣어야 합니다. 가운데에 쉬고 있던 중심코가 없을 때는 싱커 루프 아래에 바늘을 넣고 돌려뜨기로 코를 늘려 중심코를 만듭니다. 2단부터는 고무뜨기를 합니다.

◆V 네크라인에서 코줍기

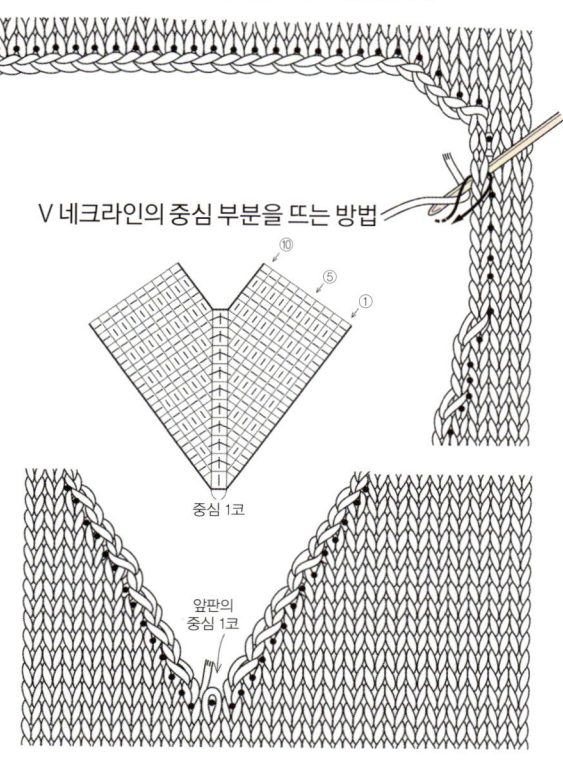

V 네크라인의 중심 부분을 뜨는 방법

⑩ ⑤ ①

중심 1코

앞판의 중심 1코

◆중심코가 없는 V 네크라인

앞판의 콧수가 짝수일 때입니다. 목둘레단이 1코 고무뜨기일 때는 싱커 루프를 떠서 중심코를 만듭니다.

V의 중심에서 코줍기

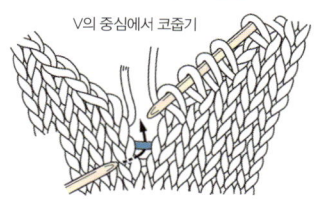

1 왼쪽 바늘로 걸쳐진 실을 화살표같이 줍습니다.

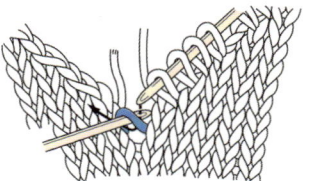

2 오른쪽 바늘을 화살표같이 넣어서 겉뜨기를 합니다.

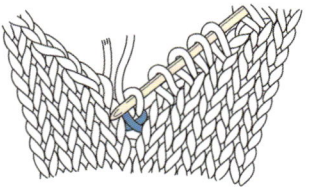

3 싱커 루프가 꼬아지면서 중심 1코가 만들어집니다.

◆목둘레단 뜨기

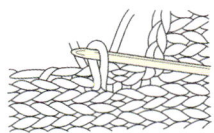

1 앞판 왼쪽 어깨의 이음매부터 줍기 시작합니다.

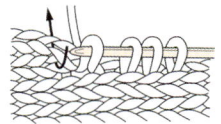

2 2코 모아뜨기 부분은 코의 가운데에 바늘을 넣습니다.

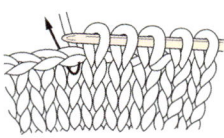

3 덮어씌우기 부분에서는 코에서 줍습니다.

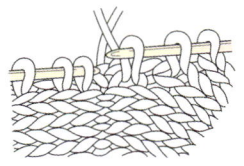

4 뒤판 왼쪽 어깨의 이음매까지 줍습니다.

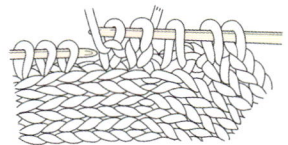

5 2단부터는 고무뜨기를 하는데, 1번째 코는 반드시 겉뜨기로 시작합니다.

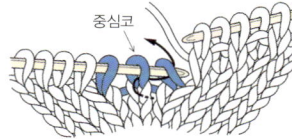

6 V의 중심과 그 오른쪽 코에 화살표같이 오른쪽 바늘을 넣어 코를 옮깁니다.

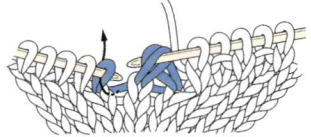

7 3번째 코를 겉뜨기로 뜹니다(중심코의 양쪽 코가 안뜨기일 때도 겉뜨기로).

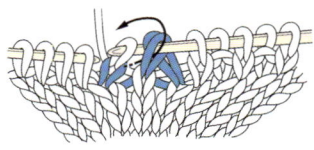

8 오른쪽 바늘로 옮긴 2코를 덮어씌웁니다

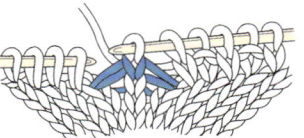

9 중심 3코 모아뜨기를 완성했습니다. 왼쪽은 오른쪽과 대칭이 되도록 뜹니다.

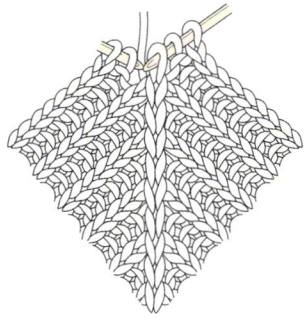

10 지정한 횟수만큼 코 줄이기(중심 3코 모아뜨기)를 합니다. 중심코의 양쪽이 반드시 안뜨기로 끝나야 합니다.

◆중심코가 2코인 V 네크라인

2코 고무뜨기는 몸판의 콧수가 짝수이므로 한가운데에 있는 중심 2코를 세워서 코를 줄입니다. 마지막에는 중심 2코의 양쪽 코가 안뜨기 2코(2코 고무뜨기의 상태)일 때 끝나야 합니다.

앞판의 중심 2코

1 중심 2코의 오른쪽 코는 '왼코 겹쳐 2코 모아뜨기', 왼쪽 코는 '오른코 겹쳐 2코 모아뜨기'로 뜹니다.

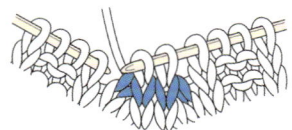

2 중심 2코의 코 줄이기가 끝난 모습입니다.

대바늘 손뜨개 무엇이든 Q&A | V 네크라인 뜨는 방법

69

Q 소매를 잘 달고 싶은데 방법을 모르겠어요.

A 소매에는 소매산이 있는 세트인 슬리브(set-in sleeve), 스퀘어 슬리브(square sleeve), 래글런 슬리브(raglan sleeve) 등이 있습니다. 세트인 슬리브는 몸판의 옆선과 소매의 아래선을 꿰매어놓고서 몸판 안에 소매를 넣어 진동둘레와 소매산을 맞춘 다음, 코바늘로 빼뜨기를 하며 다는 것이 일반적입니다. 이 방법은 쉽고 빨라서 초보자도 어렵지 않게 할 수 있고, 잘못 연결했을 때 고치기도 쉽습니다. 또 다른 방법은 돗바늘을 사용해서 반박음질로 다는 것입니다. 튼튼하게 달 수 있지만, 중간에 풀어낼 수 없고 시간도 꽤 걸립니다. 어느 방법을 쓰든 소매를 달 때는 겉끼리 맞대어 겹쳐놓고, 시침핀으로 고정한 후에 옆선부터 시작합니다.

◆소매 다는 순서

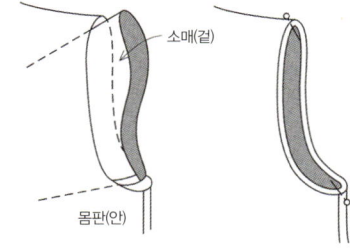

소매(겉)

몸판(안)

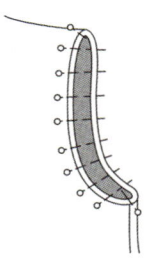

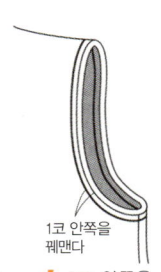

1코 안쪽을
꿰맨다

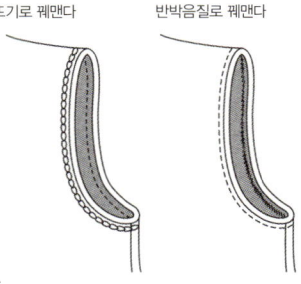

빼뜨기로 꿰맨다   반박음질로 꿰맨다

1코 안쪽을 빼뜨기나 반박음질로 꿰맵니다.

1 몸판을 안으로 뒤집고, 소매를 넣어 겉끼리 맞대어 겹쳐놓습니다.

2 옆선과 소매 아래선, 어깨와 소매산의 중심을 맞추어 시침핀으로 고정합니다.

3 나머지 부분에도 시침핀을 균등하게 꽂습니다.

4 1코 안쪽을 빼뜨기나 반박음질로 꿰맵니다.

◆빼뜨기로 꿰매기

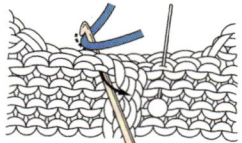

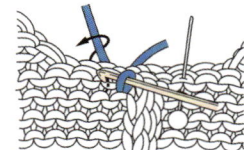

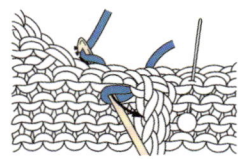

1 옆선 이음매의 바로 옆에 코바늘을 넣어서 실을 걸어 빼냅니다. 실 끝은 5~10㎝를 남겨놓습니다.

2 1코 1단 안쪽에 코바늘을 넣고 실을 겁니다.

3 코바늘에 걸린 코로 빼냅니다. 곡선을 따라서 같은 요령으로 꿰맵니다. 이때 실을 당기는 힘이 일정해야 합니다.

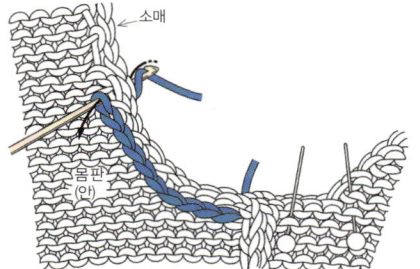

소매

몸판
(안)

◆반박음질로 꿰매기

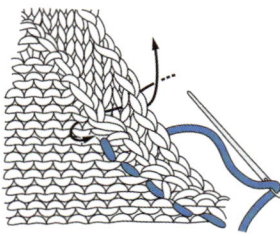

1번째 코 아래로 통과시킨다

4 단 부분에서는 3단에 2코의 비율로 꿰맵니다. 꿰매는 선이 삐뚤삐뚤하지 않도록 주의하고, 겉으로 뒤집어 확인하면서 진행합니다.

5 끝에서는 실 끝을 돗바늘에 꿰어 1번째 코 아래로 통과시켜서 1코를 만든 후 소매 쪽으로 빼서 정리합니다.

곡선 부분에서는 조금 안쪽을, 직선 부분에서는 가장자리에서 1코 안쪽을, 실을 가르듯이 반박음질합니다. 돗바늘은 뜨개바탕에 수직으로 넣어야 합니다.

◆스퀘어 슬리브 달기

빼뜨기로 꿰매면 코와 단을 잇는 방법(60쪽)보다 쉽고 튼튼하게 달 수 있습니다. 몸판은 옆선을 꿰매어 안쪽으로 뒤집어놓습니다. 소매는 덮어씌우기로 코를 막고서 평평한 곳까지 아래선을 꿰맨 다음 소매를 몸판 안에 넣습니다. 먼저 앞뒤 몸판의 직선 부분을 꿰맨 다음 소매의 평평한 부분을 꿰맵니다.

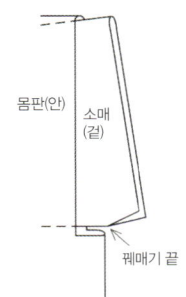 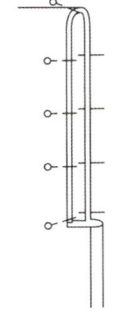 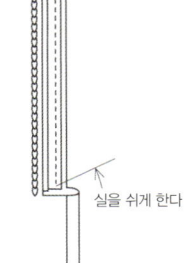 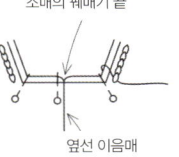 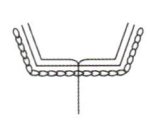

1 어깨와 소매 중심, 몸판의 ㄴ자 모서리와 소매의 가장자리를 맞춰서 시침핀으로 고정합니다.

2 나머지 부분에도 시침핀을 균등하게 꽂습니다.

3 코바늘로 빼뜨기를 하여 꿰매고, 평평한 부분이 끝나면 실을 일단 쉬게 합니다.

4 옆선 이음매와 소매의 꿰매기 끝을 맞춰 시침핀을 꽂습니다.

5 빼뜨기로 꿰매기를 계속합니다. 마지막에는 1번째 코에 통과시켜서 1코를 만듭니다.

◆래글런 슬리브 달기

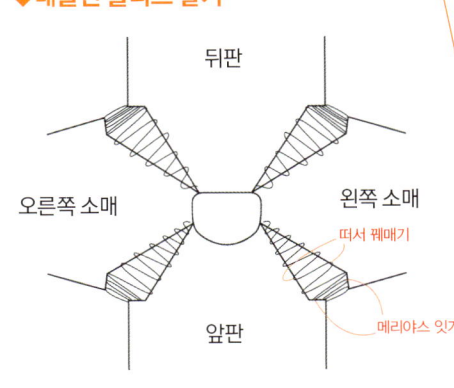

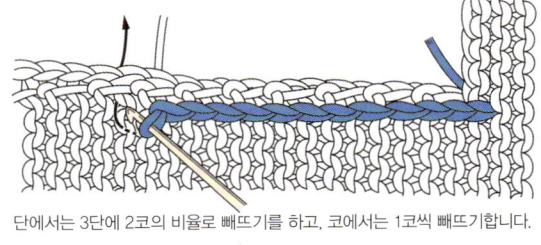

단에서는 3단에 2코의 비율로 빼뜨기를 하고, 코에서는 1코씩 빼뜨기합니다.

래글런선(목둘레에서 소매 아래선까지의 사선)을 따라 꿰맵니다. 처음에는 코와 코끼리 메리야스 잇기를 합니다.
그다음 이어 떠서 꿰매기를 하는데, 코가 밀리면 입기 불편하므로 주의합니다.
래글런선을 다 꿰매고 나서 옆선과 소매 아래선을 떠서 꿰맵니다.

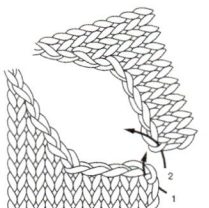 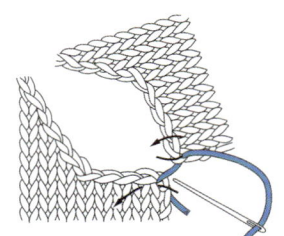 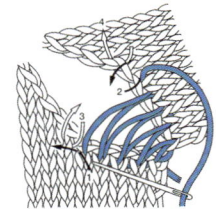

1 실을 꿴 돗바늘을 1, 2의 순서로 넣습니다.

2 덮어씌우기를 한 부분은 덮어씌우기 코의 아래 실을 2가닥씩 교대로 뜹니다(메리야스 잇기).

3 단으로 바뀔 때는 1단에서 반코씩 자리를 옮겨서 뜹니다. 이후에는 떠서 꿰매기를 합니다.

작은 무늬를 예쁘게 뜨는 방법이 궁금해요.

A 무늬가 작고 가로로 연속될 경우에는 '실을 가로로 걸치는 배색뜨기'를 합니다. 실이 안쪽에서 가로로 걸쳐져 뜨개바탕이 두툼해지므로 아주 굵은 실에는 맞지 않습니다. 걸치는 실을 지나치게 당기면 뜨개바탕이 비틀리므로 주의합니다. 배색실과 바탕실을 가장자리에까지 걸쳐서 떠야 무늬에 구멍이 나지 않습니다.

◆ 실을 가로로 걸치는 배색뜨기

겉을 보며 뜨는 단

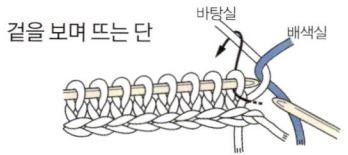

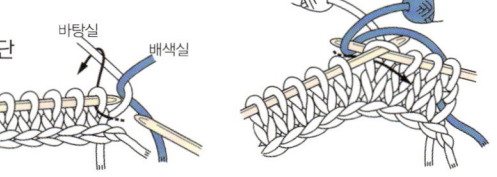

1 배색실을 넣을 단에서 배색실을 바탕실에 끼웁니다.

2 배색실로 뜰 때는 바탕실 위로 걸쳐놓고 뜹니다.

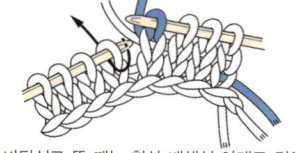

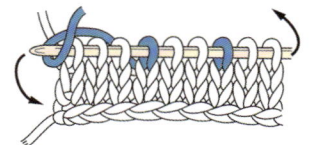

3 바탕실로 뜰 때는 항상 배색실 아래로 걸쳐 놓고 뜹니다.

4 뜨개바탕을 뒤집을 때는 배색실을 바늘 끝에 걸고 화살표 방향으로 돌립니다.

안을 보며 뜨는 단

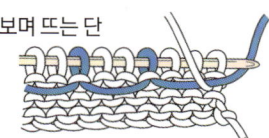

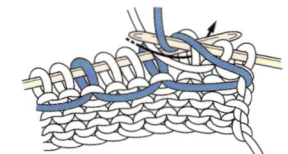

5 배색실을 뜨개바탕 끝까지 당겨서 바탕실 위에 두고, 바탕실로 뜹니다.

6 배색실로 뜰 때는 바탕실 위로 걸쳐놓고 뜹니다.

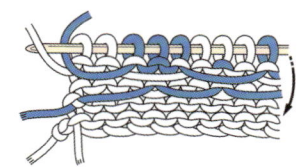

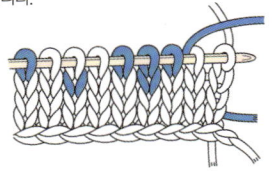

7 항상 배색실이 위로, 바탕실이 아래로 걸쳐집니다.

8 안에서 겉으로 뒤집을 때는 배색실을 뒤로 보내놓고, 바늘 끝을 앞쪽으로 돌립니다.

9 실타래는 항상 같은 자리에 놓고 뜹니다. 배색실은 뜨개바탕 끝까지 걸쳐두어야 합니다.

안면에 걸쳐지는 실이 아주 길 때

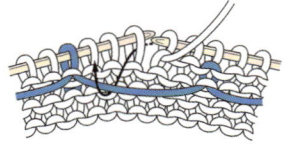

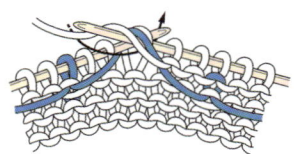

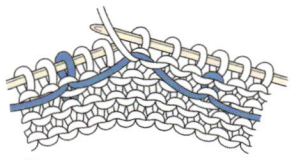

1 오른쪽 바늘로 왼쪽 바늘의 코와 걸치는 실을 줍니다.

2 왼쪽 바늘에 되돌려서 한 번에 안뜨기를 합니다.

3 걸치는 실이 같이 떠졌습니다.

큰 무늬를 예쁘게 뜨고 싶어요.

A 마름모 형태의 아가일무늬처럼 크고 심플한 무늬를 뜰 때나 원 포인트 무늬를 뜰 때는 실을 세로로 걸쳐놓고 뜹니다. 색이 바뀌는 자리에서 새 실을 걸어 뜨기 때문에 세로로 색이 나뉘는 수만큼 실타래를 준비합니다. 실이 바뀔 때는 무늬의 경계에서 실을 교차시킵니다. '실을 세로로 걸치는 배색뜨기'는 안면으로 걸쳐놓는 실의 분량이 적어 뜨개바탕이 두꺼워지지 않습니다.

◆실을 세로로 걸치는 배색뜨기

겉을 보며 뜨는 단

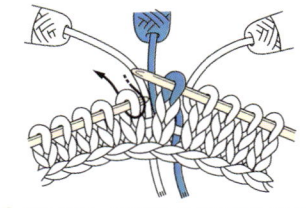
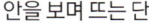

1 색이 바뀌는 자리에서 새 실을 걸어 뜹니다.

안을 보며 뜨는 단

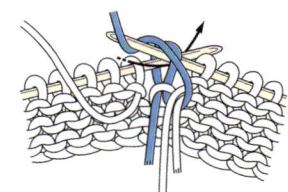

2 다음 실로 바뀔 때는 지금까지 뜨던 실의 아래에서 위로 교차시킵니다.

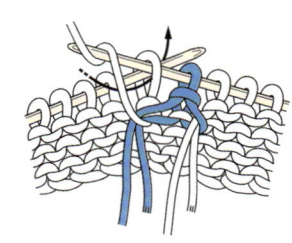

3 다음 실로 바뀔 때도, 지금까지 뜨던 실의 아래에서 위로 교차시킵니다.

겉을 보며 뜨는 단

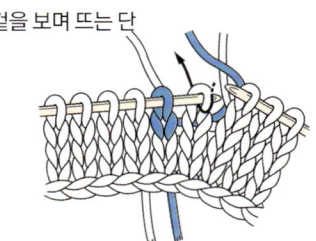

4 다음 실로 바뀔 때는 지금까지 뜨던 실의 아래에서 위로 교차시킵니다.

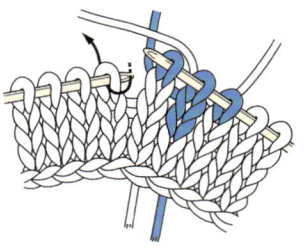

5 다음 실로 바뀔 때도 지금까지 뜨던 실의 아래에서 위로 교차시킵니다.

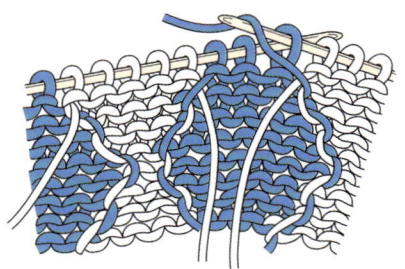

6 안면에서 본 모습입니다. 실은 계속해서 교차되어 있습니다.

걸치는 실을 감아 뜨는 배색뜨기가 뭔가요?

A 캐나디안 스웨터 등 전면에 퍼진 큰 무늬를 뜰 때 알맞은 방법입니다. 어떤 무늬를 뜨든 안면에 실을 걸쳐놓고 뜨는 것이 아니라, 뜨던 실로 걸쳐야 하는 실을 감아서 뜨기 때문에 뜨개바탕이 두툼하고 단단해집니다. 바탕실과 배색실의 위치, 두 실을 바꾸는 방법 등에 주의합니다.

◆걸치는 실을 감아 뜨는 배색뜨기

겉을 보며 뜨는 단

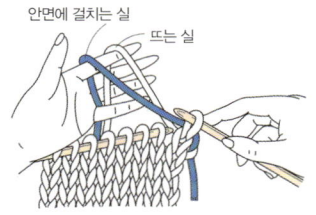

1 왼손에 두 실을 겁니다. 이 단이 끝날 때까지 이 위치는 바뀌지 않습니다.

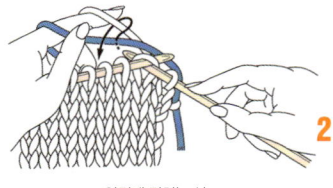

2 안면에 걸치는 실의 위에서 1코를 뜹니다.

3 다음 코는 안면에 걸치는 실 아래에서 실을 걸어 뜹니다.

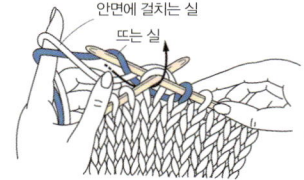

4 뜨는 실과 걸치는 실이 바뀔 때는 안면에 걸치는 실을 앞쪽으로 당겨서 그 위로 1코를 뜹니다.

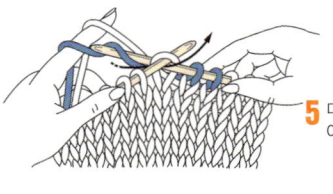

5 다음 코는 걸치는 실의 아래에서 뜹니다

안을 보며 뜨는 단

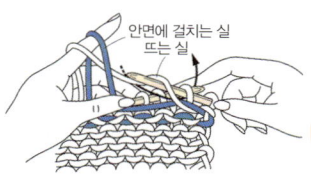

6 왼손에 걸친 두 실의 자리를 바꿉니다. 걸치는 실의 위에서 1코를 뜹니다.

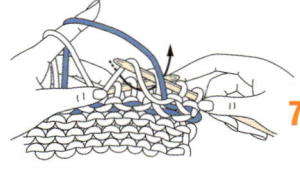

7 다음 코는 걸치는 실의 아래에서 뜹니다.

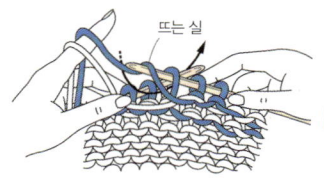

8 뜨는 실과 걸치는 실이 바뀔 때는 걸치는 실 위에서 1코를 뜹니다.

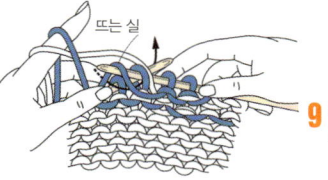

9 다음 코는 걸치는 실의 아래에서 뜹니다.

◆바탕실을 가로로 걸치는 배색뜨기

겉

안

바탕실을 안면에 걸쳐놓고 1가닥의 실로 뜨는 방법입니다.
작은 원 포인트 무늬나 폭이 좁은 세로 줄무늬에 알맞습니다.

겉을 보며 뜨는 단

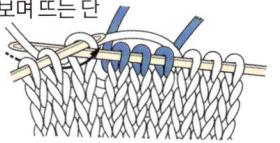

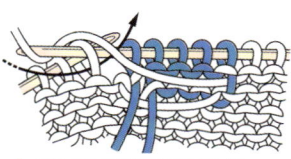

1 바탕실에서 배색실로 바꾸어 뜨고, 다시 바탕실로 바꾸어 1코를 뜹니다.

2 배색실을 바탕실의 아래에서 위로 걸치고, 그대로 바탕실로 떠나갑니다.

안을 보며 뜨는 단

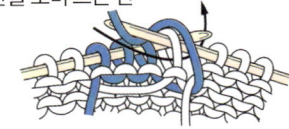

3 바탕실에서 배색실로 바꾸어 뜹니다.

4 바탕실로 바꾸어 1코를 뜹니다.

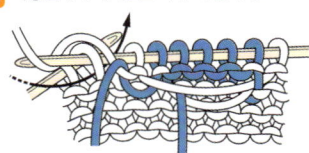

5 배색실을 바탕실의 아래에서 위로 걸쳐놓고, 바탕실로 떠나갑니다.

6 겉과 안 모두 바탕실에서 배색실로 바꿀 때는 그대로 뜨고, 배색실에서 바탕실로 바꿀 때는 1코 뜨고서 배색실을 교차시킵니다.

◆폭이 좁은 가로 줄무늬

2단이나 4단 정도의 줄무늬는 실을 자르지 않고 가장자리에서 걸쳐가며 뜹니다.

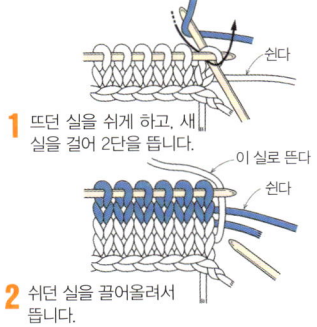

쉰다

1 뜨던 실을 쉬게 하고, 새 실을 걸어 2단을 뜹니다.

이 실로 뜬다
쉰다

2 쉬던 실을 끌어올려서 뜹니다.

축 늘어지지 않도록 한다

3 실을 바꿔가며 뜹니다.

◆폭이 넓은 가로 줄무늬

폭이 넓은 줄무늬나 다음 배색까지 단수가 많을 때는 그때마다 실을 자릅니다. 실 끝은 나중에 같은 색깔의 뜨개바탕 가장자리에 얽어서 정리합니다. 실을 자르지 않고 뜰 수도 있습니다.

실을 자르지 않는 경우

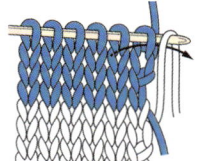

다른 색으로 3~5단을 뜰 때마다 앞의 배색실을 대바늘에 걸어서 같이 뜹니다. 걸치는 실이 군데군데 고정되어 늘어지지 않게 됩니다.

실을 자르는 경우

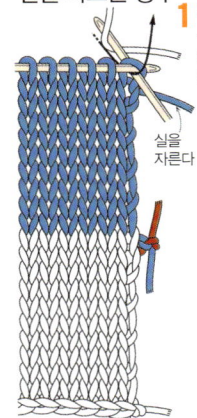

실을 자른다

1 뜨던 실을 8~10cm 정도 남겨서 자르고, 다음 실로 2~3코를 뜨고 나서 실 끝끼리 가볍게 묶어둡니다.

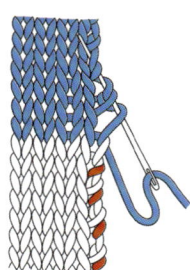

2 실이 굵으면 매듭을 풀고, 가장자리 코에 5~6단 정도 얽어서 정리합니다.

구멍무늬뜨기의 기호도는 어떻게 보나요?

A 레이스같이 구멍이 뚫린 무늬를 '구멍무늬'라고 부릅니다. 구멍무늬는 가볍고 여성스러워서 손뜨개 작품으로 인기가 많습니다. 뜨개바탕 안에 구멍을 내기 위해서는 걸기코를 사용하는데, 걸기코를 하면 뜨개코의 수가 늘어나 반드시 2코 모아뜨기나 3코 모아뜨기 등 코를 겹쳐서 뜨는 기법을 병용해야 합니다. 기호도를 보면서 구멍무늬를 뜨다 보면 자칫 잘못 뜨고 있다는 착각이 들기도 합니다. 이는 기호도의 1칸이 1코라고 정해져 있어서 2코 모아뜨기나 3코 모아뜨기가 1칸에 들어가기 때문에 일어나는 현상입니다.

왼쪽의 구멍무늬를 실제로 뜨는 흐름에 맞춰 표현한 것이 왼쪽 아래의 그림입니다. 사진의 뜨개바탕과 비교해보세요. 걸기코를 실제로 뜰 때는 코와 코 사이에서 뜹니다. 2코 모아뜨기나 3코 모아뜨기가 앞단과 어떤 관계인지를 확인할 수 있습니다. 이러한 코의 흐름을 더욱 합리적으로 표현한 것이 오른쪽 아래의 그림입니다. 기호도에 표시된 뜨개코를 올바르게 이해하여 아름다운 구멍무늬를 떠보세요.

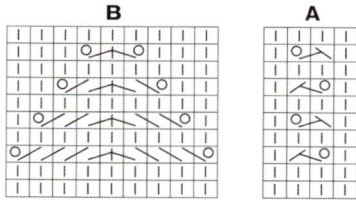

실제로 뜰 때의 흐름을 나타낸 그림

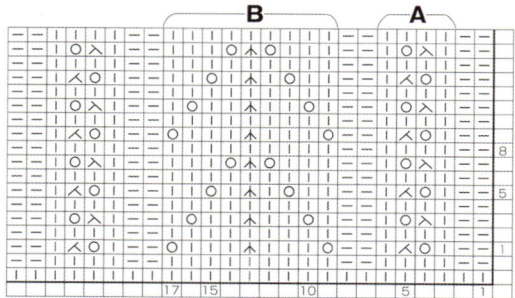

무늬뜨기 기호도

오른쪽의 뜨개바탕은 2코 고무뜨기를 걸기코와 2코 모아뜨기로 변화시킨, 부드러운 흐름이 아름다운 구멍무늬입니다. 그러나 기호도를 보면, 걸기코와 2코 모아뜨기 사이의 2코 고무뜨기가 계단 모양입니다. 이는 기호도의 1칸에 1개의 뜨개코만 들어가기 때문에 일어나는 현상으로, 이를 이해하지 못하면 올바르게 뜨고 있는데도 기호도처럼 떠지지 않는다고 걱정을 하게 됩니다. 이런 걱정이 들 때는 사진에 나온 뜨개바탕의 뜨개코가 어떤 흐름으로 이어지는지 확인하고 나서 기호도대로 수를 세어가며 뜹니다. 여러 가지 무늬에 도전하여 기호도에 익숙해지면 기호도만 보아도 뜨개바탕의 모양을 짐작할 수 있습니다.

콧수가 달라지지 않는 구멍무늬에서는 걸기코와 모아뜨기가 하나의 세트로 묶여 있습니다. 늘 같은 콧수로 뜨려면 걸기코 1개와 2코 모아뜨기, 걸기코 2개와 3코 모아뜨기가 한 세트가 되도록 신경을 써야 합니다. 특히 진동둘레·목둘레에서 코를 늘리거나 소매 아래선에서 코를 늘릴 때는 2코 모아뜨기를 안 했으면 걸기코도 하지 말아야 하고, 걸기코를 1개밖에 못했으면 3코 모아뜨기를 2코 모아뜨기로 바꾸어야 합니다.

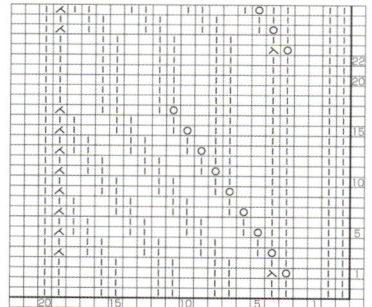

☐ = ⊟ 안뜨기

'뜨개코가 없는 부분'은 어떻게 떠야 할까요?

A 구멍무늬 기호도나 코를 늘리는 부분에서는 '뜨개코가 없는 부분'이 발생하기도 합니다. 말 그대로 그 시점에서는 뜨개코가 발생하지 않으니 그냥 걸러서 뜨면 됩니다. 아래의 기호도는 1무늬 안에서 콧수가 늘어났다가 마지막에 코를 줄이는 조금 어려운 난이도의 무늬를 나타냅니다. 분산하여 코를 늘리는 기호도에서도 같은 요령으로 걸러서 뜹니다.

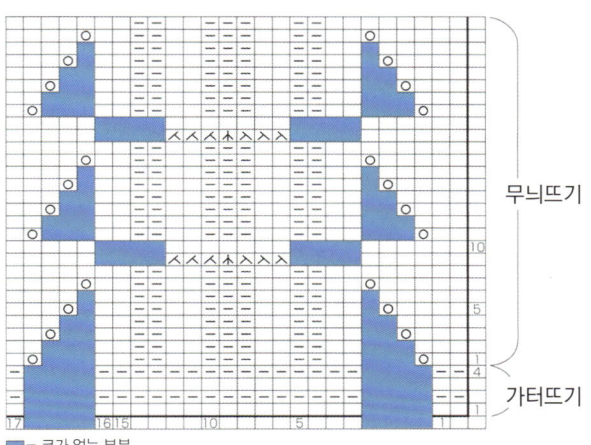

무늬뜨기

가터뜨기

■ = 코가 없는 부분
□ = ① 겉뜨기

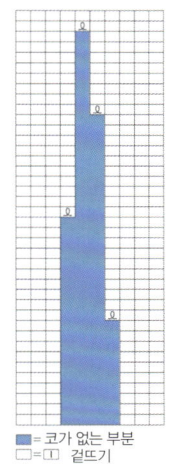

■ = 코가 없는 부분
□ = ① 겉뜨기

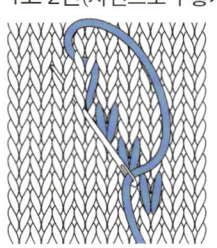

◆메리야스 자수

메리야스뜨기의 뜨개코에 겹쳐지도록 수를 놓는 것을 '메리야스 자수'라고 합니다. 좁은 면적에 원 포인트로 배색무늬를 넣을 때나 배색뜨기로 뜬 무늬에 색을 추가하고 싶을 때, 아가일무늬에 선을 더하고 싶을 때 주로 사용합니다. 실을 지나치게 팽팽하게 당기면 뜨개바탕이 구겨지므로 주의합니다.

1코 2단(사선으로 수놓기)

1코 1단(세로로 수놓기)

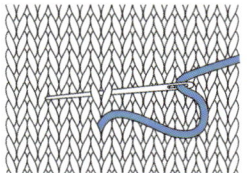

1 코의 중심에서 바늘을 뽑아, 코의 상태와 똑같도록 뒤집어진 팔(八)자 모양의 실 2가닥을 뜹니다.

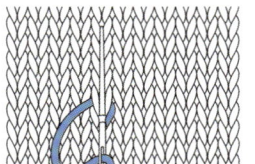

2 바늘을 빼낸 위치에 다시 바늘을 넣어 1단 위로 빼냅니다.

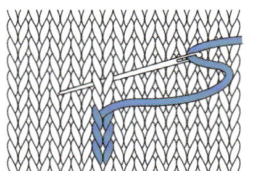

3 1·2를 반복합니다.

1코 1단(사선으로 수놓기)

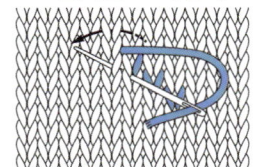

바늘을 빼낸 위치에 다시 바늘을 넣고, 1단 1코의 사선 위쪽 코로 빼냅니다. 이어서 1단 위의 코를 뜹니다.

뜨고 있거나 마무리하는 도중에 실 바꾸는 방법을 알려주세요.

A 뜨개질 도중에 실이 얼마 남지 않으면 되도록 가장자리에서 실을 바꾸는 것이 좋습니다. 만약 뜨개바탕 중간에서 바꾸게 되면 매듭을 짓지 않고 실 끝을 마무리합니다. 풀릴까 봐 불안해서 매듭을 짓고 싶다면 교차무늬가 있는 곳이나 뜨개바탕이 바뀌는 부분에서 매듭을 지어야 눈에 잘 띄지 않습니다.

꿰매는 실이나 코마무리 실이 도중에 부족해지기도 합니다. 설령 실이 충분하더라도 실이 가늘어졌거나 보풀이 일어서 바꿔야 할 때는 남은 실을 자르지 않고 새 실을 걸어 뜹니다. 그러고 나서 나중에 남아 있던 실 끝을 뜨개바탕 안에 얽어서 감춥니다. 1코 고무뜨기의 코마무리를 할 때는 한 번 매듭을 짓고 마무리해야 안정감이 있습니다.

◆뜨개바탕 가장자리에서 실 바꾸기

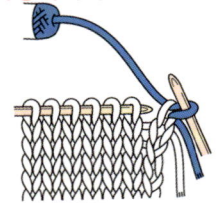 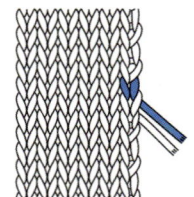 

1 새 실의 실 끝을 15cm 정도 남기고 바늘에 새 실을 걸어 가장자리의 1번째 코로 빼냅니다.

2 두 실 끝을 뜨개바탕에 빼놓은 채로 떠나갑니다.

3 뜨개바탕을 다 꿰매고 나서 꿰맨 자리의 시접에 실 끝을 얽어 감춥니다.

◆뜨개바탕 중간에서 실 바꾸기

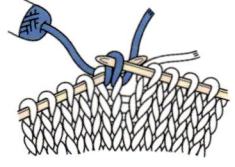 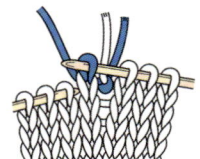 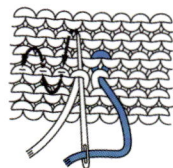 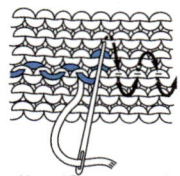

1 지금까지 뜨던 실은 뜨개바탕 안면으로 빼서 쉬게 하고, 새 실을 걸어 뜨기 시작합니다.

2 두 실의 끝을 안면에서 임시로 가볍게 묶어둡니다.

3 임시로 묶었던 매듭을 풀고, 오른쪽 실은 왼쪽 코에 얽어서 정리합니다.

4 왼쪽 실은 오른쪽 코에 얽어서 정리합니다.

◆실을 서로 묶는 방법

이 방법으로 묶으면 매듭 크기도 작고 잘 풀리지 않습니다. 매듭이 안쪽에 생기도록 묶어 실 끝을 정리합니다.

 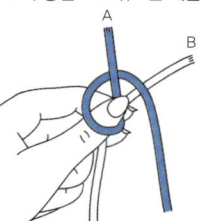 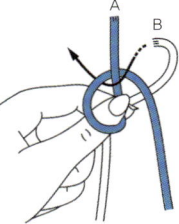 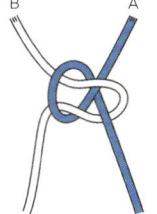 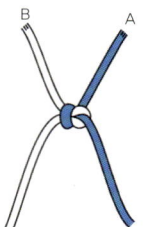

1 두 실 중 B실을 A실 위에 십자로 걸쳐놓습니다.

2 왼손으로 교차점을 잡고 B실 위로 실 끝을 빼냅니다.

3 B실을 화살표처럼 통과시킵니다.

4 오른쪽 아래의 실을 당깁니다.

5 완성입니다.

◆코마무리 실이 부족할 때

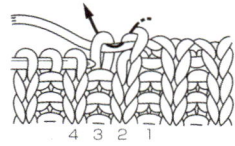

1 안뜨기(1과 3)끼리 뜨고서 새 실로 바꿉니다.

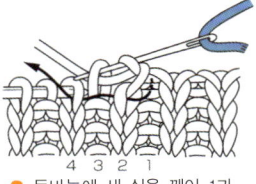

2 돗바늘에 새 실을 꿰어 1과 3을 줍고, 이어서 겉뜨기(2와 4)끼리 줍습니다.

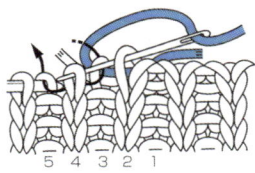

3 이번에는 안뜨기(3과 5)끼리 줍습니다. 이후에는 **2·3**을 반복합니다.

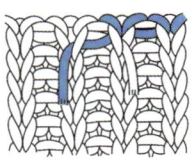

4 두 실의 끝을 안면으로 빼놓습니다.

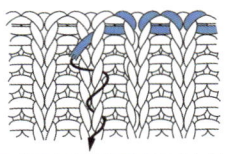

5 안쪽 코에 세로로 얽어서 눈에 띄지 않게 정리합니다.

◆탄력이 강한 실로 뜰 때

1 실 끝을 안뜨기코 쪽으로 빼내어 매듭을 짓습니다.

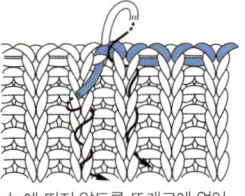

2 눈에 띄지 않도록 뜨개코에 얽어 정리합니다.

◆꿰매는 실이 부족할 때

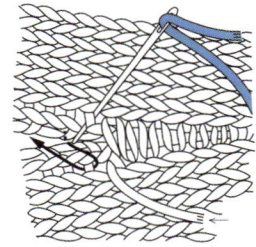

1 실 끝을 10㎝ 정도 남겨놓고 새 실로 꿰맵니다.

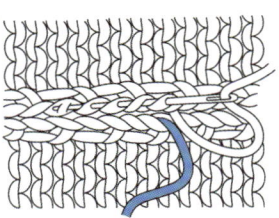

2 두 실 끝을 안쪽 시접에 얽어 정리합니다.

◆꿰매는 실을 정리하는 방법

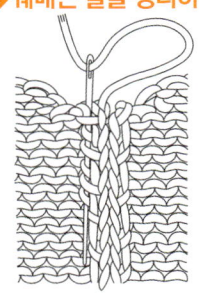

꿰매고 남은 실은 시접에 얽어서 정리합니다.

◆실 나누는 방법

뜨개바탕을 연결하거나 단추를 달 때 뜨개실이 아주 굵으면 아래와 같이 반으로 나누어 사용합니다.

앞쪽으로 돌린다

1 적당한 길이로 자르고, 중간쯤에서 실 꼬임의 반대 방향으로 실을 돌립니다.

2 실이 분리됩니다.

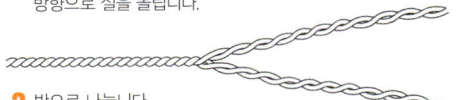

3 반으로 나눕니다.

4 반으로 나눈 실을 다시 꼬아 다림질합니다.

카디건이나 재킷에 주머니를 달고 싶어요.

A 주머니는 실용적이기도 하고 디자인 요소가 강해서 자주 달게 됩니다. 주머니를 다는 방법에는 별도로 뜬 주머니를 뜨개바탕에 덧다는 방법과 뜨개바탕에 별실을 떠 넣고 나중에 이를 풀어서 주머니를 뜬 후에 연결하는 방법이 있습니다. 여기에서는 후자의 방법으로 뜨는 세트인 포켓(set-in pocket)을 알아봅니다.

◆세트인 포켓 뜨는 방법

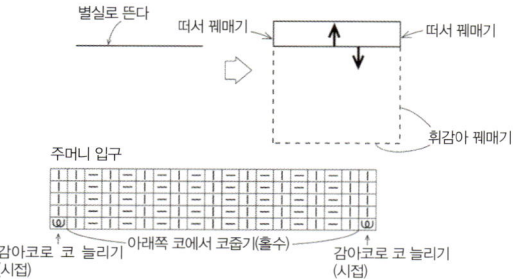

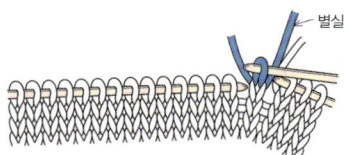

1 주머니가 들어갈 위치에서 별실로 바꾸어 지정한 콧수만큼 뜹니다.

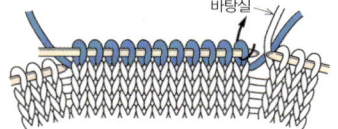

2 본래의 위치로 돌아와 별실로 뜬 코를 쉬고 있던 실로 뜹니다.

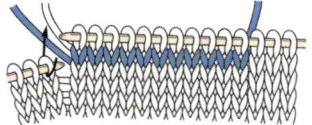

3 계속해서 남은 뜨개바탕을 뜹니다.

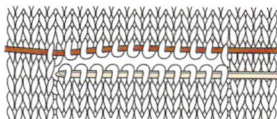

4 몸판을 다 뜨면 별실을 풀면서 위쪽은 실로, 아래쪽은 대바늘로 코를 줍습니다. 위쪽은 싱커 루프이므로 좌우의 반코도 같이 줍습니다. 이렇게 하면 위쪽이 1코 많아집니다.

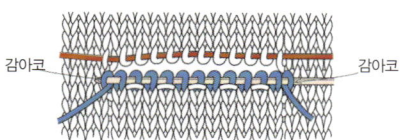

5 아래쪽 코로 주머니 입구를 뜹니다. 좌우에 감아코를 하여 시접을 만듭니다. 위쪽 코로 주머니 안쪽을 뜨고, 맨 마지막 단은 덮어씌우기를 합니다. 다 뜨면 몸판 겉으로 드러나지 않게 휘감아 꿰맵니다.

◆주머니 입구 다는 방법

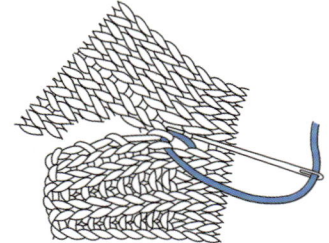

1 주머니 입구의 실 끝을 돗바늘에 꿰어 주머니 입구의 1단과 같은 단의 몸판 쪽 싱커 루프를 줍습니다.

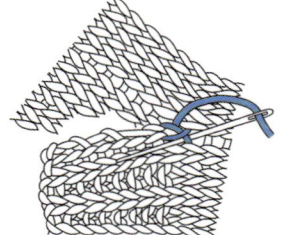

2 주머니 입구 쪽 1단의 싱커 루프를 줍습니다.

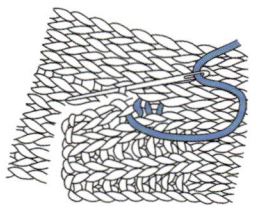

3 몸판 쪽을 1단씩, 주머니 입구 쪽을 1단 또는 2단씩 교대로 줍습니다. 마지막으로 주머니 입구의 모서리는 조금 더 튼튼하게 2회 꿰맵니다.

재킷에 지퍼 다는 방법이 궁금해요.

A 지퍼는 매우 실용적이어서 스포티한 니트에 잘 어울립니다. 그러나 신축성이 좋은 니트에 지퍼를 달려면 요령이 필요합니다. 니트는 입고 있는 동안 조금씩 늘어나게 되므로 일단 완성을 하면 하룻밤 정도 옷걸이에 걸어두고, 늘어난 정도를 계산해서 지퍼를 달아야 합니다.

◆지퍼 다는 방법

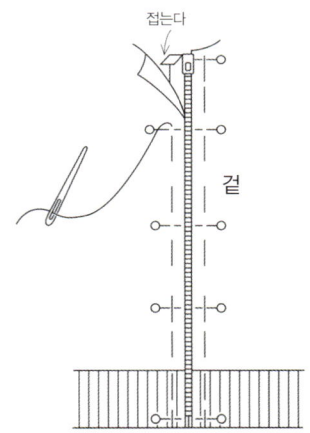
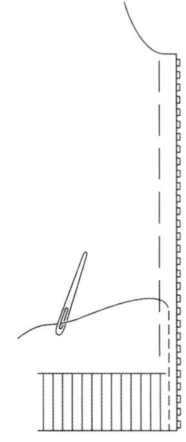
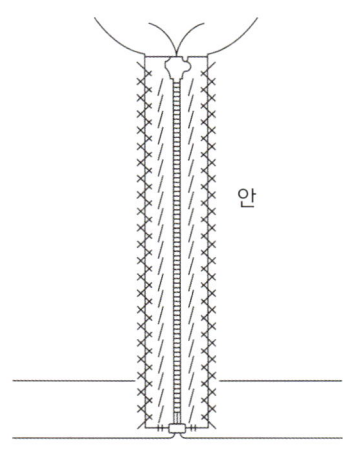

1 앞여밈단을 맞추고, 닫힌 지퍼를 안쪽에 댑니다. 뜨개바탕 가장자리가 지퍼 이빨을 덮어야 합니다. 시침핀으로 고정하고서 시침질을 합니다. 이렇게 일단 지퍼를 달아서 지퍼와 니트의 비례를 확인합니다.

2 앞여밈단에 같은 색 실을 이용해서 반박음질로 튼튼하게 답니다.

3 지퍼 안쪽은 새발뜨기로 정리합니다. 지퍼를 여닫는 위아래 부분은 특히 더 신경써서 튼튼하게 답니다.

◆단추 다는 방법

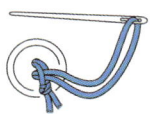
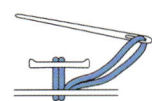
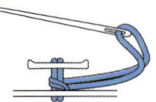
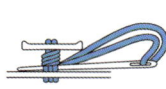
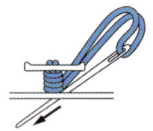

1 실 끝을 매듭짓고, 단추 뒤쪽에서 바늘을 넣습니다. 다시 앞쪽에서 뒤쪽으로 바늘을 넣어 실 고리에 통과시킵니다.

2 뜨개바탕을 살짝 뜨고, 뜨개바탕 두께만큼 기둥을 만듭니다.

3 실기둥에 실을 몇 번 감습니다.

4 기둥 사이로 바늘을 넣습니다.

5 바늘을 뜨개바탕 안면으로 빼내 매듭을 짓고 실 끝을 자릅니다.

단춧구멍을 만드는 여러 방법을 알고 싶어요.

A 단춧구멍은 뜨면서 만드는 것이 일반적입니다. 대개는 겉을 보며 뜨는 단에서 걸기코를 하여 만듭니다. '1코 단춧구멍'은 얼핏 작아 보이지만, 뜨개코 자체에 신축성이 좋아서 큰 단추도 충분히 낄 수 있습니다. '2코 단춧구멍'은 안을 보며 뜨는 단에서 돌려뜨기로 만듭니다. 단춧구멍을 깜박하고 놓쳤거나 전체 모양을 보고 단추 달 위치를 나중에 정하고 싶으면 '억지 단춧구멍'을 만들면 됩니다. 이럴 때는 구멍 위치의 뜨개코를 벌려서 버튼홀 스티치로 모양을 잡아줍니다. 억지 단춧구멍을 만들 때는 뜨개실을 반으로 나눠서(79쪽) 사용하는 것이 좋습니다.

◆1코 단춧구멍

겉을 보며 뜨는 단

안을 보며 뜨는 단

 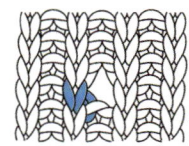

1 안뜨기를 뜨기 전에 걸기코를 하고, 다음 2코에 겉뜨기가 위로 가도록 화살표같이 바늘을 넣습니다.

2 2코를 한 번에 겉뜨기로 뜹니다(왼코 겹쳐 2코 모아뜨기).

3 앞단의 2코 모아뜨기는 안뜨기로. 걸기코는 겉뜨기로 뜹니다.

4 완성입니다.

◆2코 단춧구멍

겉을 보며 뜨는 단

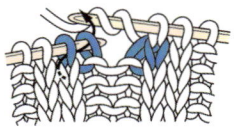

안을 보며 뜨는 단

 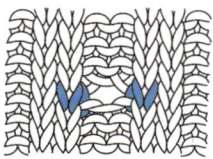

1 오른코 겹쳐 2코 모아뜨기를 하고, 걸기코를 2코 합니다. 이어서 왼코 겹쳐 2코 모아뜨기를 합니다.

2 걸기코에 화살표같이 바늘을 넣어 각각 돌려뜨기를 합니다.

3 겉에서 본 완성 모습입니다.

◆가터뜨기의 1코 단춧구멍

왼코 겹쳐 2코 모아뜨기
걸기코

겉뜨기를 뜨는 단에서 단춧구멍을 만듭니다. 걸기코, 왼코 겹쳐 2코 모아뜨기를 합니다.

◆억지 단춧구멍A

다 뜬 후에 버튼홀 스티치로 단춧구멍을 만듭니다.

 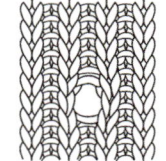 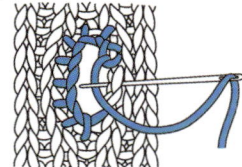

1 단춧구멍 위치의 뜨개코에 돗바늘을 넣습니다.

2 단추가 들어갈 정도로 뜨개코를 상하로 벌립니다.

3 벌어진 코에 버튼홀 스티치를 합니다. 뜨개바탕을 돌리면서 해야 편합니다.

◆가터뜨기의 2코 단춧구멍

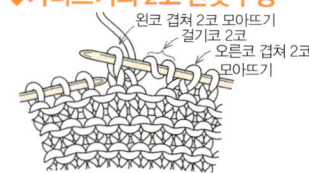

왼코 겹쳐 2코 모아뜨기
걸기코 2코
오른코 겹쳐 2코 모아뜨기

겉뜨기하는 단에서 걸기코를 2코 하고, 그 좌우를 2코 모아뜨기로 뜹니다.

◆억지 단춧구멍B

뜨개코에 실을 얽어서 만드는 방법입니다.

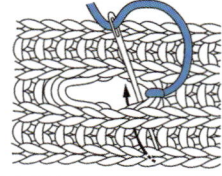  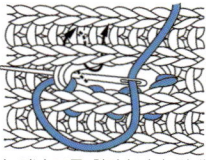

1 단춧구멍 위치의 뜨개코를 위아래로 벌려서 실로 휘감습니다.

2 늘어난 코를 휘감으면서 겉뜨기코의 왼쪽으로 돗바늘을 빼냅니다.

3 화살표같이 1단씩 반대로 돗바늘을 빼가며 실을 얽습니다.

4 늘어난 코를 휘감습니다. 반대쪽도 같은 요령으로 얽어서 실끝을 정리합니다.

BOUBARI-AMI NANDEMO Q&A SHUKUSATUBAN (NV70323)
Copyright © NIHON VOGUE-SHA 2015
All rights reserved.
First published in Japan in 2015 by Nihon Vogue Co., Ltd.
Photographer : Yoko Kimura
Designers of the projects in this book: Emiko Kamata
This Korean edition is published by arrangement with Nihon Vogue Co., Ltd, Tokyo
in care of Tuttle-Mori Agency, Inc., Tokyo through Botong Agency, Seoul.

이럴 땐 이렇게
대바늘 손뜨개
무엇이든 Q&A

1판 1쇄 발행 | 2016년 11월 24일
1판 3쇄 발행 | 2023년 11월 15일

지은이 일본보그사 편
옮긴이 김현영
펴낸이 김기옥

실용본부장 박재성
편집 이나리, 손혜인, 박인애
영업 김선주
커뮤니케이션 플래너 서지운
지원 고광현, 김형식, 임민진

한국판 디자인 푸른나무디자인
인쇄·제본 대원문화사

펴낸곳 한스미디어(한즈미디어(주))
주소 04037 서울시 마포구 양화로 11길 13(서교동, 강원빌딩 5층)
전화 02-707-0337 | 팩스 02-707-0198 | 홈페이지 www.hansmedia.com
출판신고번호 제 313-2003-227호 | 신고일자 2003년 6월 25일

ISBN 979-11-6007-065-1 13590

책값은 뒤표지에 있습니다.
잘못 만들어진 책은 구입하신 서점에서 교환해 드립니다.

〈무엇이든 Q&A〉 시리즈!

독자들이 가장 궁금해 하는 질문과 그 해결 방법을 휴대가 편리한 콤팩트한 판형으로 만나보세요!

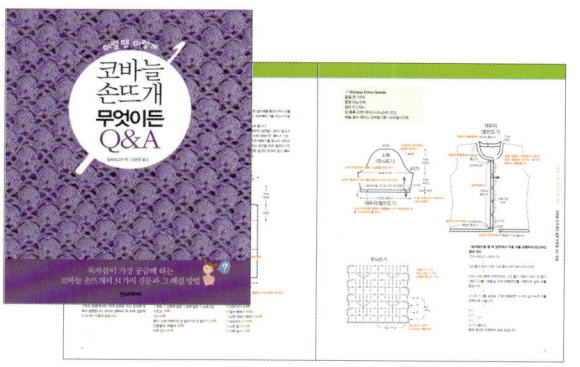

이럴 땐 이렇게
코바늘 손뜨개 무엇이든 Q&A
일본보그사 편 | 김현영 옮김 | 76쪽 | 9,800원

코바늘로 스웨터를 뜰 때나 모티브를 이어서 작품을 만들 때 방법을 몰라서 난감했던 적이 있나요? 그런 궁금함이 생겼을 때 이 책에서 해결 방법을 찾아보세요!

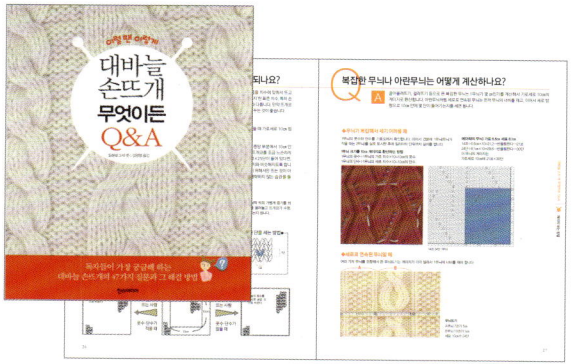

이럴 땐 이렇게
대바늘 손뜨개 무엇이든 Q&A
일본보그사 편 | 김현영 옮김 | 84쪽 | 9,800원

마음에 드는 작품을 뜰 때의 입문서로 질문(Question)과 답변(Answer) 형식으로 이해하기 쉽게 해설합니다. 남성용 아란무늬 스웨터와 여성용 무늬뜨기 카디건을 예로 들어, 바늘 잡는 법부터 실을 거는 법, 뜨개 도안·무늬 도안 보는 법, 마무리하는 법까지 친절하게 답변합니다.

이럴 땐 이렇게
자수 무엇이든 Q&A
일본보그사 편 | 강수현 옮김 | 100쪽 | 9,800원

기본적인 스티치, 크로스스티치, 아주르 자수, 드론 워크, 하덴거 자수, 컷워크, 아플리케, 스모킹 자수, 리본 자수, 비즈 자수, 미러 워크를 수놓는 법부터 의문점까지, Q&A 형식으로 소개합니다.